CONFESSIONS
D'UN
BOHÊME,

PAR

XAVIER DE MONTÉPIN.

II

PARIS
ALEXANDRE CADOT, ÉDITEUR,
52, RUE DE LA HARPE.

1849

CONFESSIONS D'UN BOHÊME.

Ouvrages du Marquis de Foudras.

EN VENTE.

JACQUES DE BRANCION.
5 vol. in-8.

Les Gentilshommes chasseurs.	2 vol.
Les Viveurs d'autrefois.	4 vol.
Les Chevaliers du Lansquenet	10 vol.
Lord Algernon	4 vol.
Madame de Miremont	2 vol.
Lilia la Tyrolienne.	4 vol.
Tristan de Beauregard.	4 vol.
Suzanne d'Estouville.	4 vol.
La comtesse Alvinzi	2 vol.

Sous presse.

Dames de cœur et Dames de pique.
Un Caprice de grande dame.
Le dernier des Roués.
Un Drame en famille.
Un Capitaine de Beauvoisis.
Les Veillées de la Saint Hubert.

Ouvrages de A. de Gondrecourt.

EN VENTE:

Les Péchés mignons	5 vol.
Médine.	2 vol.
La Marquise de Candeuil	2 vol.
Un Ami diabolique	5 vol.
Les derniers Kerven.	2 vol.

Sous presse.

La Chasse aux diamants.
Le Bout de l'oreille.

Ouvrage d'Alexandre Dumas.

LA COMTESSE DE SALISBURY.
6 volumes in-8.

On vend séparément les derniers volumes pour compléter la première édition.

E. Dépée, imprimeur à Sceaux.

CONFESSIONS

D'UN

BOHÊME

PAR

XAVIER DE MONTÉPIN.

2

PARIS
ALEXANDRE CADOT, ÉDITEUR,
52, RUE DE LA HARPE.

1849

PROLOGUE.
— SUITE. —

—

UN DRAME EN FAMILLE.
— SUITE.

XV

LES COMPLICES (*suite.*)

Martial, nous le répétons, se laissa tomber sur une chaise, tandis que Trabucos le regardait de l'air d'un chat qui tient une souris sous sa patte et s'amuse de ses angoisses avant de la croquer, et que Dyck-Chester ricanait sournoisement, malgré le flegme britannique de sa physionomie impassible.

— Qu'y a-t-il?— dit enfin M. de Préaulx, — voyons, parlez, j'écoute..

— Il me semble, — reprit Trabucos sans répondre d'abord à ces questions précipitées, — il me semble que nous t'avons demandé tout à l'heure du tabac ou des cigares. — Si tu pouvais y joindre quelques petits verres de liqueurs assorties, tu nous obligerais...

— Vous ne fumerez pas ici, — répliqua brusquement Martial.

— Tiens! et pourquoi donc?

— Parce que vous n'êtes point à l'estaminet, comme vous paraissez le croire; mais bien dans l'hôtel du marquis de Basseterre.

—C'est juste! mais au moins, on peut boire...

— Si vous avez soif, je n'ai que de l'eau à vous offrir.

— Plus que ça d'hospitalité!!! — tu ne te ruineras pas, mon cher, à recevoir les amis!... — enfin, suffit, — ce n'est ni pour fumer ni pour ingurgiter que nous sommes venus, — ce n'est pas même, je le dis sans façon, pour te demander des nouvelles de ta précieuse santé! — Donc je vais droit au fait, voici ce qui nous amène.....

— Enfin! — murmura Martial.

Trabucos se renversa dans son fauteuil, — caressa sa moustache rousse, et, prenant le ton d'un homme qui va causer des nouvelles du jour ou parler politique, il commença ainsi :

— Ce n'est point d'aujourd'hui que nous nous connaissons, mon très cher, et si tes souvenirs sont fidèles, tu dois te rappeler, qu'en des temps moins heureux, nous cultivions ensemble, fort gentiment ma foi, la montre et le foulard.... — Tu n'as point oublié ce détail, n'est-ce pas?...

Martial fit de la tête un signe affirmatif.

Trabucos continua :

— De cette époque date entre nous une amitié vive et sincère ; — je fus ton Pylade, ô Fabuleux ! — car tu t'appelais, ou du moins tu te faisais appeler Fabuleux, et j'ignorais encore le brillant pseudonyme de Martial de Préaulx qui te décore aujourd'hui.

« Un peu plus tard, guidés, comme tous les honnêtes gens, par nos instincts démocratiques, nous fûmes de chauds-sans-culottes ; — nous pérorâmes ensemble dans les clubs et dans les sections, et nous eûmes la gloire de sauver la patrie une demi-douzaine de fois, pour le moins.

« Un jour tu disparus.

« Le bruit se répandit que *le rasoir national* t'avait fait la barbe... gratis.

« Ceci ne m'étonna point ; mais, foi de Trabucos, je te regrettai et je donnai plusieurs larmes à tes mânes.

« Juge de ma joie et de ma surprise

quand, il y a peu de mois de cela, je te vis apparaître un matin à l'estaminet du *Chien Coiffé*.

« Les battements de mon cœur, alors que tu me pressais sur le tien, durent te révéler toute mon émotion.

« Tu me dis que tu venais de voyager, — tu me donnas ton adresse, rue Mazarine, sous ton ancien nom de Fabuleux, et tu m'ouvris ta bourse, ce qui était d'un bon camarade.

« J'y puisai sans scrupule, car, vu nos antécédents, je regardais ta propriété comme la mienne et tout me semblait devoir être commun désormais entre nous.

« Ce que je pensais alors, je le pense encore, mon très cher, je le pense plus que jamais.

« Or, ta position est brillante, — tu es noble, à ce qu'il paraît, — tu as le pied dans une excellente maison, — tu es au mieux avec la fille unique d'un vieux marquis, millionnaire, charmante personne que tu emmènes dans des endroits mystérieux pour qu'elle y puisse accoucher à son aise...

Martial fit un geste violent de dénégation.

— Oh! ne dis pas non, — reprit Trabucos, — ce serait parfaitement inutile; — je t'ai fait suivre, mon bon ami, et je suis au courant de tes faits et gestes, aussi bien que madame Labrador, la digne sage-femme de l'*allée de la Santé*. — Tu vois!

M. de Préaulx resta comme écrasé sous le coup de cette révélation.

Trabucos continua, sans paraître remarquer le trouble croissant de Martial.

— Je le répète, ta position est brillante, — du jour au lendemain tu deviendras, par un bon mariage, l'un des premiers capitalistes de Paris ; — tant mieux pour toi, et surtout tant mieux pour nous, car nous allons profiter de la belle passe dans laquelle tu te trouves, — autrement dit, et pour parler en termes plus nets, moi qui te suis tout dévoué, et Dyck-Chester que j'ai pris sous ma protection, nous désirons nous retirer des affaires, et nous le pourrons, grâce à toi.....

— Je ne comprends pas... — murmura Martial.

— Eh! si, tu comprends! — tu comprends même à merveille! — d'ailleurs je m'explique, — tu vas nous faire à chacun une jolie petite rente qui nous permettra de vivre sans rien faire, comme d'estimables bourgeois, — de cultiver dans nos heureux loisirs, le billard bucolique, le domino patriarchal, et de nous offrir de temps à autre un dîner fin, arrosé de champagne, au Cadran-Bleu, avec du sexe et tous les accessoires.

Trabucos s'arrêta.

— Est-ce tout? — demanda Martial.

— A peu près.

— Vous voulez de l'argent?

— Oui.

— Je n'en ai pas.

— Trouves-en.

— Où ?

— Ceci ne nous regarde pas; c'est ton affaire.

— Et si je ne puis en trouver ?...

— Ça changera la thèse.

— Que ferez-vous ?

— Nous en demanderons à ta maîtresse, mademoiselle de Basseterre.

— Et si elle n'en a pas plus que moi ?...

— Nous nous adresserons au vieux marquis, — il en aura, lui.

— Vous êtes parfaitement décidés à agir comme vous me le dites ?...

— Oh ! parfaitement.

— Ainsi, de propos délibéré et pour une misérable somme, vous perdrez une jeune fille, vous la déshonorerez aux yeux de son père ?...

Pour toute réponse, Trabucos se mit à fredonner :

> Malbrouck s'en va-t'en guerre,
> Mironton, ton, ton, mirontaine,
> Malbrouck s'en va-t'en guerre,
> On n'sait quand il r'viendra !

— Vous n'avez donc pas de cœur ? — poursuivit M. de Préaulx.

— Et toi ? — riposta carrément Trabucos, en fixant un regard si profond sur Martial que ce dernier se vit contraint de baisser les yeux sans répondre.

— Finissons-en, — poursuivit l'incommode complice. — Nous sommes venus en amis, te proposer un marché ; — il dépend de toi que nous nous en allions en amis, — ou en ennemis, à ton choix. — N'est-ce pas, Dyck-Chester?

— Oui, — grommela l'Anglais. — Ça dépend de lui.

— Réfléchis donc, et décide-toi!

Tandis que Trabucos prononçait ces dernières paroles, la figure de M. de Préaulx avait changé d'expression.

De sombre et contractée qu'elle était d'abord, elle s'était faite soudain, ouverte et souriante.

— Ma foi! — fit-il d'un ton leste et dégagé, — vous êtes venus en amis, vous avez eu raison, et vous vous en irez de même. — Il ne sera pas dit que mon fidèle Trabucos aura vainement compté sur son vieux camarade Fabuleux...

— Tiens! tiens! tiens! — murmura Dyck-Chester. — Goddem! comme le vent a tourné!

— Ainsi, ça va? — demanda Trabucos avec un reste de méfiance.

— Pardieu! si ça va? — répondit Martial en riant, — je le crois bien! — D'abord je suis tout disposé à vous obliger, ensuite vous avez une certaine manière de mettre le marché à la main qui ne permet guère de refus...

— Dam! — interrompit Trabucos, —

cette méthode est peut-être un peu vive, mais tu vois qu'elle est bonne.

— Ah! rendez-moi la justice de croire que je n'avais pas besoin de menaces pour m'exécuter, et que je l'aurais fait de moi-même et de bon cœur!

— Cependant tu t'es laissé tirer un peu l'oreille.

— Afin de donner plus de prix à mes concessions.

— Allons, soit! — Je veux te croire et je te rends toute mon estime. — Voici ma main.

— Je la presse avec bonheur, Trabucos.

— Maintenant, occupons-nous de nos affaires.

— Très volontiers. — Disposez de moi.

— Je demande cependant à vous adresser une requête...

— Laquelle ?

— C'est d'apporter quelque modération dans vos exigences immédiates. — Songez que je ne suis point encore marié, et que pour que nous ayons à nous partager plus tard un magnifique gâteau, il ne faut pas faire d'imprudences.

— Ce que tu dis là est plein de bon sens ; — nous nous contenterons, quant à présent, de la moindre chose.

— Qu'appelez-vous : *la moindre chose* ?

— Ah ! une bagatelle.

— Mais encore ?

—Dam! mille francs par mois à chacun de nous, jusqu'au jour de ton mariage... C'est raisonnable, n'est-ce pas?

— Très raisonnable.

— Après le *conjungo*, nous verrons à établir nos petites stipulations sur des bases plus larges. — Quelle est la fortune du beau-père?

— Cent et quelques mille livres de rentes.

— Joli denier!!!

—Mais, oui! — Vous en aurez votre bonne part, mes gaillards!

— Nous l'espérons! — Et maintenant que nous sommes d'accord, nous allons te quitter, aussitôt, bien entendu, que tu nous auras compté le premier mois de notre pension, car je t'avouerai que nous sommes, pour le quart-d'heure, fort à court d'argent, ce brave Dyck-Chester et moi.

Martial prit dans un tiroir un billet de cinq cents francs et le présenta à Trabucos, en lui disant :

— Je n'ai que cela chez moi, — prenez toujours et partagez-vous cette bagatelle pour ce soir, — demain, je vous compterai le reste.

— Demain ?

— Oui.

— Ici ?

— Non pas, et j'espère bien que vous

aurez la complaisance de n'y plus remettre les pieds! vous finiriez par me compromettre...

— Mais alors, où te verrons-nous ?

— A mon logement de la rue Mazarine. — Je vous y invite à souper.

— C'est convenu.

— J'y serai à neuf heures précises.

— Nous ne te ferons point attendre. — Surtout, n'oublies pas les quinze cents livres.

— Sois tranquille.

— A demain.

— A demain, mes excellents amis.

Martial tira les verroux qu'il avait poussés, puis il agita une petite clochette et dit au valet qui se présenta :

— Comtois, reconduisez ces messieurs.

Trabucos et Dyck-Chester firent un salut des plus humbles et quittèrent l'appartement.

XVI

LE SOUPER.

Martial, resté seul, appuya pendant quelques instants ses coudes sur la table qui se trouvait devant lui et cacha sa tête dans ses mains.

Ensuite il se leva et se mit à parcourir sa chambre, de l'allure brusque et saccadée d'une bête fauve, qui prise au piège tourne dans la fosse profonde où elle est tombée.

Et, tout en marchant, il prononçait des mots interrompus.

— Oh! murmurait-il d'une voix basse et haletante, — oh! si je croyais en Dieu, je dirais que Dieu me punit...

« Je touchais au port... j'arrivais... j'abordais... et voici l'écueil qui se dresse devant moi...

« Oh! ces hommes!... ces hommes!...

« Je suis à eux... je leur appartiens... ils peuvent me perdre... ils me perdront...

« Oui, ils me perdront, — car un jour viendra, un jour où je ne pourrai plus céder à leurs exigences qui vont aller croissant sans cesse, et se renouvelant toujours !...

« Ils me perdront... sans le vouloir peut-être...

« Ne suffit-il pas en effet d'un mot... d'un seul mot, prononcé dans l'ivresse, pour m'arracher à mes rêves d'avenir et m'envoyer au bagne ?

« Et je suis rivé à cette chaîne !...

« Comment la rompre ?

« Que faire ?

« Que résoudre ?

. . . .
. . . .

Martial marchait de plus en plus vite.

Il se tordait les mains et de grosses gouttes de sueur ruisselaient sur son front...

Tout-à-coup il s'arrêta et parut se calmer.

— Je n'ai pas deux chemins à suivre ! — dit-il.

« Ma partie est devenue mauvaise ! Cependant je puis encore la gagner !

« Mais il ne s'agit, ni de se désespérer, ni de perdre la tête.

« Il faut agir.

« J'agirai !

§

Le lendemain, — longtemps avant l'heure convenue avec Trabucos et Dyck-Chester, M. de Préaulx était à son logement de la rue Mazarine.

Une nappe, d'une éclatante blancheur, couvrait la table boiteuse qui faisait partie du mobilier et qu'on avait débarrassée pour cette circonstance des pipes et des cartes qui la couvraient habituellement.

Le père André, honorable concierge dont nous connaissons déjà le zèle et les sympathies à l'endroit de son mystérieux locataire, avait été chargé de tous les achats.

Et, nous devons le dire pour rendre à sa délicatesse un éclatant hommage, il n'avait point mis dans sa poche plus de cinquante pour cent sur le prix total de ses acquisitions gastronomiques.

Certains cuisiniers de bonne maison ne font pas *danser l'anse du panier* avec une modération si grande.

Un pâté de foie gras se dressait triomphalement au beau milieu de la table.

Un jambonneau et une volaille froide flanquaient dignement cette pièce de résistance.

Trois couverts, symétriquement disposés, attendaient les trois convives.

A côté de chaque assiette, il y avait une

demi-douzaine de verres de toutes les grandeurs.

Sur la commode se voyait une formidable rangée de bouteilles du plus vénérable aspect, et dont un réseau de toiles d'araignées attestait le grand âge.

Deux paquets de cigarres promettaient après le dîner les doux parfums de la Havane,

Les bougies de quatre chandeliers, prêtés par le père André, illuminaient joyeusement les apprêts du festin, de concert avec un grand feu.

Bref, l'affreuse chambre que nous avons décrite au commencement de ce prologue, avait un air de fête, et ce soir-là l'on devait oublier, en y pénétrant, l'horrible nudité des murs, mal recouverts par un papier gras, humide, et tombant en écailles.

— *Môsieu* n'a plus besoin de mes petits services ? — demanda le concierge après avoir donné un dernier coup-d'œil à la belle ordonnance du festin.

— Non, père André, — retournez à votre loge, et laissez monter tout-à-l'heure M. Trabucos, que vous connaissez, et qui viendra avec une autre personne.

— Ça suffit, *Môsieu*, ça suffit.

Et le père André regagna son cordon et l'antique culotte à laquelle il était en train d'ajuster un *accessoire* important.

Martial ferma soigneusement derrière lui la porte de la première pièce et revint dans la chambre à coucher, qui servait de salle à manger.

— A l'œuvre! — se dit-il.

Parmi les bouteilles posées sur la commode, il en prit une de forme bizarre.

Elle était mince, — en verre presque blanc, — pourvue d'un goulot d'une longueur démesurée, et sur son étiquette on lisait, en lettres d'or, ce nom glorieux :

JOHANNISBERG.

Martial la déboucha avec des précautions infinies, de manière à ne détériorer que le moins possible le goudron armorié qui l'encapuchonnait.

Ceci fait, il versa, dans un verre à Bor-

deaux, la valeur de deux doigts à peu près
du contenu de la précieuse bouteille.

Ensuite, il tira de sa poche un très petit
flacon, hermétiquement fermé à l'émeri.

Ce flacon, enveloppé de papier bleu,
portait, tracés à la main sur une étroite
étiquette, ces mots sinistres :

Acide prussique.

Le contenu du flacon remplaça dans la
bouteille le vin du Rhin qui venait d'en
être ôté, et Martial, avec un couteau rougi
au feu, ressouda si habilement les cassures
du goudron, qu'il était impossible de ne
pas croire à son intacte virginité.

Sûr, désormais, de la réussite de ses

projets, Martial alluma un cigare, s'assit au coin du feu, se croisa les jambes et attendit.

Son attente ne fut pas longue.

Deux coups, frappés d'une façon particulière à la porte d'entrée, lui annoncèrent l'arrivée de ses hôtes.

Il courut leur ouvrir, et les accueillit de l'air le plus riant.

— Sapristi ! — s'écria tout d'abord Trabucos qui, nous ne savons pourquoi, affectionnait les comparaisons antiques, tirées de l'*Almanach des Muses*, — sapristi ! *Lucullus soupe chez Lucullus !* — Fabuleux, je suis content de toi ! — Tu as bien fait les choses, et, franchement, ta réception d'aujourd'hui vaut un peu mieux que celle d'hier !

— C'est qu'aujourd'hui je suis chez moi, — répliqua Martial, — attendez qu'il en soit de même à l'hôtel de Basseterre, et vous en verrez bien d'autres, mes très chers!

— Rien que d'y penser, l'eau m'en vient à la bouche! — Décidément, tu es un garçon entendant bien la vie, et je t'accorderais mon estime si tu ne l'avais déjà, — mais tu l'as! — n'est-ce pas qu'il a notre estime, Dyck-Chester?

— Il l'a, — répondit l'Anglais.

— Voyons, — reprit Trabucos, — les bons comptes font les bons amis! — apportes-tu notre argent?

— Sans doute.

— Eh bien! donne-nous-le tout de suite. —

Tout à l'heure, quand nous serons gris, nous ne penserions peut-être plus à te le demander, et ça te contrarierait.

— Le voici, — fit Martial, — j'ai pris la somme en or, c'est plus commode et plus portatif.

— Tu as bien fait, — j'aime l'or, moi ! — C'est une jolie monnaie, et puis on gagne sur le change.

Martial mit sur la table une poignée de doubles-louis.

— Le compte y est, — dit-il, — voyez.

Trabucos et Dyck-Chester se ruèrent sur le métal et l'eurent bientôt fait disparaître dans leurs larges goussets.

En les regardant ainsi, âpres à la curée,

se partager ses dépouilles, Martial demeurait impassible, mais son regard exprimait une joie sombre et farouche.

— En voilà pour un mois ! — cria Trabucos, — à table, maintenant.

— A table ! — répéta Martial.

Les trois convives s'assirent et Dyck-Chester, s'armant d'un long couteau, éventra le pâté de foie gras, tandis que Trabucos décoiffait un premier flacon de vin de Beaune.

§

Le souper durait depuis deux heures.

Un assez grand nombre de bouteilles vides étaient éparses sur le plancher.

On avait bu vaillamment.

Si Martial et ses hôtes n'étaient pas complètement ivres, il ne s'en fallait que de bien peu, à en juger du moins par le débraillé de leur toilette, le laisser-aller de leur attitude, et l'excentricité de leurs paroles et de leurs gestes.

Dyck-Chester, se croyant sans doute aux courses d'Empsom ou de New-Market, pressait du talon les montants de sa chaise et criait à tue-tête :

— Hop ! — eh ! hop ! — Hamlet ! — hop ! *my dear !* hop !... eh ! hop !...

Trabucos fredonnait amoureusement le vieux chant révolutionnaire :

Ça ira,
Ça ira,
Ça ira,
Les aristocrat's à la lanterne !
Ça ira,
Ça ira,
Ça ira,
Les aristocrat's on les pendra!!

Quant à Martial, il paraissait entièrement absorbé par l'importante occupation à laquelle il se livrait sans relâche, et qui consistait à diviser un long bouchon en un nombre infini de petites rondelles.

Tout-à-coup, Trabucos interrompit sa chanson et dit :

— Fabuleux... mon ami Fabuleux... mon fabuleux ami... donne-moi à boire... j'ai soif...

— Moi aussi... — ajouta Dyck-Chester comme un écho.

— Ah! vous avez soif?... — fit Martial.

— A mort! — répondirent simultanément les deux hommes.

— Eh bien! mes enfants, vous allez boire... et quelque chose de soigné..., et ensuite vous remercierez votre ami, car il a gardé le meilleur pour la fin... votre ami...

— Vive Fabuleux! — cria Trabucos, — il a bien mérité de la patrie... je demande pour lui *les honneurs de la séance*.. et je les lui accorde... à... à l'unanimité!

Martial se leva et, tout en décrivant des zig-zags qui eussent peut-être paru exagérés à un observateur attentif et de sang-froid, il atteignit la commode.

Il prit la bouteille de *Johannisberg*, veuve

alors de presque toutes ses compagnes, et il regagna sa place.

— Qu'est-ce? — demanda Trabucos.

— Du vin du Rhin, rien que ça! — répondit Martial.

— Je ne le connais... que de nom... mais je vas faire avec plaisir sa connaissance intime... tu dis que c'est bon?

— Auprès de ce liquide, feu le nectar n'était que de la Saint-Jean!

— Alors, débouche... et dépêche-toi...

— Débouche toi-même..... j'y vois double.....

— Il est gris! — cria Trabucos en ricanant et en prenant la bouteille que Martial lui tendait, — oh ! il est gris ! — vive la République, une et indivisible !— Liberté, — Égalité, — Fraternité ou la mort !!!

Et, tout en vociférant, Trabucos, après de longs efforts, parvint à extirper le bouchon rebelle.

— Vivat ! — fit-il en remplissant trois verres jusqu'au bord.

— Buvons à la réussite de mes projets ! — dit Martial d'une voix étrange, qu'il s'efforçait en vain de rendre calme.

— Ça y est ! — trinquons à ton mariage !

Les trois verres, soulevés en mêmetemps, se heurtèrent.

La main de Martial tremblait violemment.

— Buvons! — répéta-t-il.

Trabucos porta sous ses narines, pour en savourer l'odeur, le breuvage transparent et limpide comme de l'Ambre en fusion.

Dyck-Chester, plus impatient, avala d'un trait le contenu de son verre. . . . .
. . . .

Soudain il poussa un cri rauque.

Ses yeux tournèrent dans leur orbite injecté de sang.

Ses ongles crispés s'enfoncèrent dans sa poitrine velue.

Puis, — comme frappé par la foudre, — il tomba sur le plancher.

Ce spectacle terrible dissipa à l'instant même l'ivresse de Trabucos.

Il regarda Martial.

Il le vit pâle, — tremblant, — respirant à peine.

C'en fut assez, — il devina, — il comprit.

D'un bond, il se trouva à côté de M. de Préaulx, qui ne s'attendant point à cette brusque attaque ne put se mettre en défense.

Des deux mains, il le saisit à la gorge, et, le secouant à l'étrangler, il lui dit :

— C'est du poison, n'est-ce pas ?

— Non, — non, — non ! — balbutia Martial qui râlait déjà.

— Tu le jures ?

— Oui...

— Alors, prends ce verre et bois.

— Jamais...

— C'est donc du poison ? tu en conviens ?

— Non.

— Eh bien ! bois !

Martial, qui ne pouvait plus parler, fit un geste de refus.

De la main droite, Trabucos prit sur la table un couteau catalan, et il en appuya la pointe acérée sur la poitrine de M. de Préaulx qu'il contenait de la main gauche.

— Je vais compter jusqu'à trois, — fit-il, — si, quand je dirai TROIS, tu n'as pas bu, j'enfonce...

Martial se débattit, — mais le poignet de Trabucos était un étau.

— UN! — dit-il.

— Grâce!... — murmura Martial.

Trabucos haussa les épaules, en indiquant du regard le corps inanimé de Dick-Chester, — il attendit pendant une seconde, puis il reprit :

— DEUX!

— Pitié ! — fit M. de Préaulx en se tordant comme un serpent.

Trabucos ne parut même pas l'entendre, — il dit :

— Trois !

Et le couteau catalan s'enfonça de près d'un pouce dans la poitrine de Martial.

— Je boirai ! — hurla ce dernier.

— Bois donc ! — répondit Trabucos en présentant le verre à son lâche complice, que l'épouvante et la douleur rendaient fou.

— Pitié ! — voulut répéter monsieur de Préaulx.

Mais la pointe d'acier se rapprocha de ses chairs palpitantes.

Il ferma les yeux, et but.

. . . .
. . . .

— Ma foi, — se dit alors Trabucos, en faisant passer dans ses poches la montre et la bourse de Martial, et l'or que renfermaient les goussets de Dyck-Chester, — il faut convenir que je l'ai échappé belle ! — Qui jamais aurait cru cela, surtout de la part d'un camarade ! — Ah ! tout va de mal en pis dans notre époque, et les hommes deviennent bien canailles ! — Sur qui compter désormais, puisque les amis vous jouent des tours pareils, — sur qui compter, grand Dieu !... je vous le demande !

Puis, quittant ce logis tout taché de vin et de sang et où gisaient deux cadavres, il descendit le sombre escalier, et sortit de la maison en criant au père André :

— Ils sont gris comme quarante mille hommes, et dorment là-haut comme des bienheureux! — ne les réveillez pas!

XVII

ÉPILOGUE DU PROLOGUE.

Le lendemain des évènements que nous venons de raconter, et au moment où deux heures de l'après-midi sonnaient à la pendule *rocaille* du petit salon blanc et or dans lequel nous avons introduit nos lecteurs au début de cette histoire, M. de Basseterre, délivré momentanément de sa goutte et de ses rhumatismes, se promenait de long en large dans ce même salon, et donnait de minute en minute des signes non équivoques d'impatience.

Enfin, il s'arrêta devant la table ronde, — prit son sifflet d'argent et l'approcha vivement de ses lèvres.

Un valet de pied accourut.

— M. de Préaulx est-il enfin rentré ? — demanda le vieillard.

— Non, monsieur le marquis, — répondit le domestique.

— Et vous êtes bien sûr qu'il est sorti depuis hier soir...?

— Oui, monsieur le marquis.

— Et que depuis lors il n'a point reparu à l'hôtel...?

—Oui, monsieur le marquis, parfaitement sûr.

—C'est étrange! — Allez, et recommandez encore qu'on m'envoie Martial, aussitôt qu'il arrivera...

—Oui, monsieur le marquis.

Le laquais quitta le salon et M. de Basseterre reprit sa promenade en se disant :

— Sorti depuis hier! et pas encore rentré! — je tremble sans savoir pourquoi... il me semble que je devine un malheur...

Au bout de cinq minutes le valet de pied se présenta de nouveau.

— Eh bien? — demanda vivement le marquis, — L'a-t-on vu?

— Non, monsieur le marquis...

— Que voulez-vous, alors ?

— J'ai l'honneur d'apporter sa correspondance à monsieur le marquis.

En effet le domestique tenait à la main un plateau d'argent sur lequel étaient posées plusieurs lettres.

M. de Basseterre s'assit, prit ces lettres, et les examina d'une façon distraite, sans se donner la peine d'en briser les enveloppes.

La suscription de l'une d'elles attira cependant son attention.

Cette lettre, — écrite sur du papier gris et commun portait une adresse tracée d'une écriture contrefaite et ainsi conçue :

a Mademoiselle,

Mademoiselle de Basseterre,

En l'hôtel de monsieur le marquis de Basseterre,

Rue Saint-Dominique.

A Paris.

Et plus bas ces mots en grosses lettres :

très pressée et recommandée d'une façon toute particulière, pour être remise en mains propres a mademoiselle de basseterre.

De l'enveloppe s'exhalait une senteur de pipe, excessivement prononcée.

— Qui donc, — se demanda le marquis

en reposant la lettre sur la table, — qui donc peut écrire à ma fille sur un chiffon pareil... sale et puant comme celui-là....?

Après une minute de réflexion, il ajouta :

— C'est quelque pauvre honteux, sans doute, demandant une aumône.... qui, certes, ne lui sera point refusée... Je veux me mettre de moitié dans la bonne œuvre de cette chère et douce enfant...

Et le marquis reprit la lettre dont il brisa le cachet, formé d'une cire rouge, grossière et sans empreinte.

Mais à peine eût-il parcouru du regard le papier qu'il venait de déployer, que son visage exprima la stupéfaction et l'horreur.

Il lut avidement.

Quand il eut achevé, il passa la main sur son front, comme pour en éloigner une horrible vision...

Ses yeux semblaient s'agrandir de minute en minute, et l'on eût dit qu'un souffle passait dans ses longs cheveux blancs.

Alors il recommença sa lecture, — ligne par ligne, — mot par mot.

— Oh! — murmura-t-il d'une voix éteinte, — ce n'est pas vrai!.... ayez pitié de moi, mon Dieu!...

Il se leva et voulut marcher.

Ses jambes fléchirent.

La lettre s'échappa de ses mains.

Une teinte violette, semblable à la vague croissante, envahit rapidement son cou, son visage, et monta jusqu'à son front.

Sa bouche se contourna d'une horrible manière et ses yeux semblèrent se voiler.

Il étendit les bras, — il battit l'air de ses deux mains, cherchant un point d'appui et n'en pouvant trouver.

Alors, — tombant de toute sa hauteur, il roula sur le parquet, en entraînant dans sa chute la table ronde que sa tête avait heurté.

—

Le marquis de Froid-Mantel de Basseterre, — loyal gentilhomme et dernier de sa race en ligne masculine, — venait de succomber à une attaque d'appoplexie foudroyante.

§

Voici ce que contenait la lettre que Louise, peu d'instants après la catastrophe, put ramasser à côté du corps de son père :

« *Mademoiselle,*

« *Vous êtes priée de vous rendre demain,*
« *seule et à midi précis, dans le jardin des*
« *Tuileries.*

« *A côté du troisième arbre, à gauche, en*

« entrant dans l'allée des Feuillants, un
« homme, misérablement vêtu, vous abordera
« en vous disant :

— « AYEZ PITIÉ D'UN PAUVRE VIEILLARD !

« Vous mettrez six billets de Banque, de
« mille livres chacun, dans la main de cet
« homme.

« Si vous n'obéissez pas, Mademoiselle, à la
« prière ou plutôt à l'ordre que vous recevez en
« ce moment, — demain, avant la fin du jour,
« monsieur le marquis, votre père, saura que
« vous êtes, depuis un an, la maîtresse d'un
« misérable voleur, qui, sous le nom de Martial
« de Préaulx, se proposait de vous épouser, et de
« qui vous avez un enfant, dont vous êtes accou-
« chée il y a dix jours, dans la maison de ma-
« dame Labrador, sage-femme, demeurant à
« Paris, allée de la Santé, n° 2.

« *Si au contraire vous remettez les six mille*
« *livres, vous n'entendrez jamais parler de*
« *l'auteur de cette lettre, — il vous le jure,*
« *foi d'honnête homme !*

« *Il est inutile de prévenir la police ou de*
« *ne pas venir seule au rendez-vous qui vous*
« *est assigné, — vous n'y trouveriez personne,*
« *et vous seriez promptement atteinte par une*
« *inévitable vengeance.* »

A la vue de ces lignes fatales, une pensée horrible, et malheureusement trop justifiée, s'empara de l'esprit de l'infortunée jeune fille.

Elle se dit qu'elle venait d'assassiner son père, et cherchant à ne point survivre à son crime involontaire, elle voulut se briser la tête contre les murailles du salon.

On l'emporta sans connaissance, — car

telle fut la violence du premier choc, qu'elle s'évanouit à l'instant même.

Quand elle reprit ses sens, elle était en proie au délire d'une fièvre cérébrale ardente.

Pendant six semaines les médecins désespérèrent de ses jours.

Enfin, la bonté de sa constitution et les forces de sa jeunesse triomphèrent des progrès du mal.

Louise, — hors de tout péril, — reprit, avec la conscience de son être, les souvenirs du passé et le sentiment de la douleur.

Elle demanda sa mère.

On ne lui répondit que par des larmes muettes.

Elle était orpheline! — orpheline et seule au monde!

§

Dix-sept ans après l'époque à laquelle commence ce prologue, c'est-à-dire en 1820; — il y avait dans l'hôtel de Basseterre, un grand mouvement et un grand tumulte.

Des ouvriers nombreux travaillaient sans relâche, — ceux-ci à élever des cloisons, — ceux-là à ouvrir des portes de communication, — d'autres à monter des lits, rangés en file, dans les magnifiques salons d'autrefois, transformés aujourd'hui en dortoirs.

Voici quelle était la cause de tous ces

changements et de tous ces travaux.

Mademoiselle de Basseterre, — voulant racheter, par une expiation éclatante et continuelle, l'unique faute de sa vie, — n'avait pas mis les pieds une seule fois, depuis seize ans, hors de l'hôtel de sa famille.

Là, dans la solitude et le recueillement, elle menait la vie d'une sainte et s'imposait un touchant martyre.

La totalité de ses immenses revenus était consacrée au soulagement des infortunes qui se révélaient à elle.

Aucune prière ne la trouvait insensible, elle avait des consolations pour toutes les douleurs, des secours pour toutes les misères.

Son nom était devenu le synonyme de *bonté, d'indulgence* et de *charité.*

Et cependant la noble fille ne croyait point encore avoir fait assez, et, comparant la pénitence au crime, elle espérait à peine pouvoir mériter jamais l'absolution de sa conscience.

Pendant l'année qui suivit la mort du marquis et la disparution de Martial, toutes les démarches possibles avaient été tentées par Louise, pour retrouver la trace de son fils.

Ces démarches étaient restées sans résultat.

La seule personne qui pût tenir un bout du fil conducteur, madame Labrador, prétendit, et c'était vrai, qu'elle ignorait de la manière la plus absolue, ce que M. de Préaulx avait fait de l'enfant.

Force fut donc de renoncer à tout espoir.

Pendant seize ans, Louise attendit.

Puis, — sûre, ou se croyant sûre désormais, que le fils de son fatal amour était perdu pour elle, elle résolut d'accomplir un projet formé depuis longtemps.

C'était de métamorphoser l'hôtel de Basseterre en une maison de refuge et de secours, pour les pauvres jeunes filles séduites, et abandonnées au moment de devenir mères.

Louise, — au jour et à l'heure où nous

la retrouvons, surveillait la mise en œuvre de sa touchante pensée.

Un grand changement, — un changement terrible s'était fait en elle.

Quoiqu'elle n'eût alors que trente-sept ans, son visage pâle, amaigri, et pour ainsi dire diaphane, offrait tous les signes caractéristiques de la vieillesse, signes rendus plus saillants par le costume et les voiles de deuil qu'elle n'avait jamais cessé de porter.

Le beau regard de ses grands yeux bleus, offrait une expression de douloureuse mélancolie, et le murmure de la prière fervente agitait sans trève ses lèvres décolorées.

Ses mains fluettes et presque transparentes comptaient les grains d'ébène et d'or d'un rosaire béni.

On eût dit l'une de ces religieuses, épuisées par les macérations, dont les peintres de l'école Espagnole nous ont laissé de sublimes portraits.

Telle était Louise, tandis qu'elle surveillait les travailleurs qui appropriaient à sa pieuse destination le rez-de-chaussée de l'hôtel.

Elle achevait de donner quelques ordres relatifs à la pose des banquettes dans une antichambre transformée en salle d'attente, quand un menuisier s'approcha d'elle, la casquette à la main, et lui présenta un portefeuille assez volumineux.

— Qu'est-ce que cela, mon ami ? — lui

demanda-t-elle, — et que contient ce portefeuille?

— Je ne sais pas, Mademoiselle, — répondit l'ouvrier, — nous l'avons trouvé, mes camarades et moi, tout à l'heure, dans une armoire secrète, cachée par un panneau de boiserie que nous venions de déplacer; — il y avait en outre, dans cette armoire, des pistolets et une bourse que voici.

— Une armoire secrète! — Dans quelle chambre, je vous prie?

— Dans la petite chambre à coucher qui a des rideaux bleus et dont la fenêtre donne sur le jardin.

Louise pâlit.

La pièce que le menuisier venait de désigner, était l'une de celles que Martial habitait autrefois.

Elle prit d'une main tremblante l'objet qu'on lui présentait, et monta s'enfermer dans son appartement.

Là, elle ouvrit le portefeuille.

Un cri de joie s'échappa de ses lèvres, tandis qu'elle parcourait du regard les papiers qui y étaient renfermés depuis si longtemps.

Parmi ces papiers, — nos lecteurs l'ont déjà deviné, — se trouvait le double de la déclaration attachée aux langes de l'enfant dans la nuit du 7 mars 1805.

Louise allait retrouver son fils !

L'instinct maternel se réveillait en elle

dans sa toute-puissance, et fesait tressaillir délicieusement les fibres de ce cœur qu'elle croyait si bien mort aux choses de ce monde !

— Une voiture ! — cria-t-elle, — qu'on aille à l'instant me chercher une voiture !

On amena un fiacre, car depuis bien des années Louise n'avait plus de chevaux.

Une demi-heure après, mademoiselle de Basseterre descendait à la porte de l'Hospice des Enfants-Trouvés.

Elle présenta la déclaration de M. de Préaulx, et s'engagea, comme le veut l'usage, à rembourser à l'administration tous les frais faits pour l'éducation de l'enfant qu'elle réclamait.

On consulta les registres ; — on y trouva

la mention des signes particuliers, et l'original de l'acte de naissance dont le double était représenté.

Louis-Annibal, était resté à l'hospice jusqu'à l'âge de dix ans, c'est-à-dire, jusqu'en 1815.

A cette époque, il avait été remis au maître d'école de Ville-d'Avray, qui, séduit par la jolie figure et les bonnes dispositions de l'enfant, avait déclaré vouloir se charger de lui, pour lui apprendre son état.

Depuis lors, on n'avait plus entendu parler du jeune garçon.

Louise, — munie d'une lettre du directeur de l'hospice, — se mit en route pour Ville-d'Avray, sans perdre une minute.

Le maître d'école vivait encore.

Mais l'enfant n'était plus avec lui.

Trois ans auparavant, Louis-Annibal avait tout-à-coup changé et de caractère et de conduite.

Malgré tout ce qu'on avait pu faire et dire pour l'arrêter sur la route du mal, il s'était lié fatalement avec les pires sujets du pays.

Puis, — après avoir épouvanté les bonnes âmes du voisinage par le scandale de désordres, d'autant plus inouis que leur auteur entrait à peine dans l'adolescence, — il avait complètement disparu.

— Je ne sais s'il est vivant, — ajouta le bon maître d'école, — Mais s'il est mort, tant mieux, car le pauvre garçon, que j'aimais comme mon propre enfant, suivait le chemin qui mène au bagne!!

Louise repartit, — l'âme brisée.

Entre elle et le monde, tout était fini,— bien fini, désormais !

Elle n'avait plus l'espoir, — disons mieux, — elle n'avait plus le désir de retrouver son fils.

FIN DU PROLOGUE.

PREMIÈRE PARTIE.

UN PROTECTEUR.

I

LES GALERIES DE BOIS. *

Le Palais-Royal !

C'était jadis *l'enfer* de Paris.

C'était le centre de tous les plaisirs, — le milieu de toutes les joies, — de toutes les orgies, — de toutes les voluptés.

---

* C'est ici seulement que l'auteur de ce livre commence à s'aider pour son travail des notes manuscrites qui lui ont

C'était un pandémonium mystérieux et bizarre, où se dépensaient en une journée des sommes folles d'or et d'amour.

C'était tout à la fois un bazar, — une maison de jeu, — un lupanar, — et une taverne.

Des bouts les plus lointains du monde les étrangers accouraient dans son enceinte, fascinés par l'étrange poésie de ce lieu sans rival et sans équivalent.

Voilà ce que le Palais-Royal était autrefois.

C'est aujourd'hui, sans contredit, l'en-

été remises par le vieux *Bohême* en mai 1848. — Les faits sur lesquels se base le PROLOGUE sont venus à sa connaissance par des circonstances ultérieures dont il ne croit pas devoir compte au public.   (*Note de l'Éditeur.*)

droit de Paris le plus vulgaire et le plus prosaïque.

De sa gloire éclatante et fangeuse il n'a rien conservé !

Rien ! — pas même son nom, — car, hélas ! trois fois hélas ! on l'appelle à présent : le *Palais-National !!!*

Son jardin, quand le ciel est pur et l'air tiède, se voit en proie à la foule bariolée des flâneurs, — des bonnes d'enfants, — des acteurs sans engagement, — des convalescents et des provinciaux.

Les flâneurs, — avec l'oisive curiosité des badeaux de Paris, — regardent les manœuvres gymnastiques des petites filles qui sautent à la corde, — les évolutions des *pierrots* classiques se disputant une miette de pain, ou les combats de deux roquets.

Les petites bonnes, — au tablier blanc et au grand bonnet cauchois, — guettent au passage le *militaire* français, le *tourlourou* galant, auquel elles ont assigné un tendre rendez-vous devant le fameux *canon-horloge*, et veillent le moins possible sur les progénitures confiées à leurs soins.

Les acteurs en disponibilité parlent d'engagements, de succès, de couronnes, — trop souvent aussi, par malheur, de sifflets et de pommes cuites, et surveillent l'apparition de quelques-uns de leurs *illustres* confrères du théâtre Montansier, espérant obtenir au passage une poignée de main de Ravel, de Levassor, d'Alcide Touzet, de Sainville ou de Grassot, commémoration touchante des camaraderies départementales, et peut-être bien encore, l'offre plus substantielle d'un dîner.

Les convalescents, — étendus sur deux chaises et enveloppés de douillettes mollement rembourrées, hument l'air chaud et les rayons vivifiants du soleil.

Les provinciaux, enfin, marchent le nez en l'air, la mine naïve et ébahie, s'arrêtant à chaque boutique, et posant le pied sur la queue des chiens ou sur les ballons des enfants.

Vous le voyez, — c'est triste !

Mais en 1822, le Palais-Royal était à l'apogée de sa splendeur.

Les *Galeries de bois* existaient encore et leur renommée était européenne.

Il est indispensable de consacrer ici quelques pages à la description de cet infernal bazar, — absolument inconnu de la jeune génération actuelle, mais dont nos pères conservent un souvenir brûlant, et duquel ils font des récits que nos fils ne voudront pas croire.

A la place qu'occupe aujourd'hui cette galerie vitrée, — qu'on appelle *Galerie d'Orléans,* et qui sert immanquablement de lieu de rendez-vous aux étrangers gourmets qui veulent expérimenter ensemble les délices gastronomiques de *Véfour* ou des *Frères provençaux,* s'élevaient alors des maisonnettes chancelantes, — construites en planches grossièrement assemblées, — étroites, — peu couvertes, — à peine éclairées sur le jardin et sur la cour par des lucarnes qui prétendaient passer pour des fenêtres, mais qui ressemblaient en réalité aux soupiraux d'une prison.

Un triple rang de ces maisonnettes formait une double galerie.

Les boutiques de la rangée du milieu ouvraient sur les deux galeries, n'étaient éclairées que par les vitrages, et ne respiraient que les méphytiques exhalaisons des galeries, hautes de douze pieds à peine.

Ces boutiques, — larges de six pieds pour la plupart, et longues de huit ou dix, tout au plus, — se louaient jusqu'à la somme exorbitante de mille écus par an, tant leur position leur donnait de valeur, à cause de l'immense affluence de curieux et de promeneurs.

De petits treillages peints en vert, protégeaient les rangées qui prenaient jour sur la cour et sur le jardin, sans doute afin que la maçonnerie peu solide sur laquelle s'adossaient ces boutiques, ne fut point démolie peu à peu par le frottement sans cesse renouvelé des passants.

Là, — dit Balzac, qui a consacré aux *Galeries de bois* un chapitre de l'une de ses plus magnifiques études, — Là, se trouvait un espace de deux ou trois pieds, où végétaient les produits les plus bizarres d'une botanique inconnue à la science, et mêlés à diverses industries non moins florissantes.

Une *maculature* coiffait un rosier, en sorte que les fleurs de rhétorique étaient embaumées par les fleurs de ce jardin mal soigné mais fétidement arrosé.

Des rubans de toutes les couleurs ou des

prospectus fleurissaient les feuillages.

Le papier,—les débris de modes, étouffaient la végétation.

Vous trouviez un nœud de ruban sur une touffe de verdure, et vous étiez déçus dans vos idées sur les fleurs que vous veniez admirer, en apercevant une coque de satin qui figurait un dalhia.

Du côté de la cour, comme du côté du jardin, l'aspect de ce palais fantasque offrait tout ce que la saleté parisienne a produit de plus bizarre : — des réchampissages lavés, des plâtres refaits, des peintures, des écritaux fantastiques.

Enfin, le public parisien salissait énormément les treillages verts, soit sur le jardin, soit sur la cour.

Ainsi, des deux côtés, les galeries étaient annoncées par une infâme et nauséabonde bordure qui semblait en défendre l'approche aux gens délicats.

Mais les gens délicats ne reculaient pas plus devant ces horribles choses, que les princes des contes de fées ne reculent devant les dragons et les obstacles, interposés par un mauvais génie, entre eux et les princesses.

Ces galeries étaient percées au milieu par un passage, comme aujourd'hui, et comme aujourd'hui, l'on y pénétrait encore par les deux péristyles actuels, commencés avant la révolution, et abandonnés faute d'argent.

La belle galerie de pierre qui mène au théâtre Français formait alors un passage étroit, d'une hauteur démesurée et si mal couvert, qu'il y pleuvait souvent.

Elle était appelée *Galerie Vitrée*, pour la distinguer des *Galeries de Bois*.

Les toitures de ces bouges étaient toutes d'ailleurs en si mauvais état que la maison d'Orléans eut un procès avec un célèbre marchand de cachemires et d'étoffes, qui, pendant une nuit, trouva des marchandises avariées pour une somme considérable. — Et le marchand eut gain de cause.

Les toitures, en quelques endroits, étaient composées d'une double toile goudronnée.

Le sol de la *Galerie Vitrée*, où Chevet commença sa fortune, et celui des *Galeries de Bois,* était le sol naturel de Paris, augmanté du sol factice, amené par les bottes ou les souliers des passants.

En tout temps, les pieds y heurtaient des montagnes et des vallées de boue durcie, incessamment balayées par les marchands et qui demandaient aux nouveau-venus une certaine habitude pour y marcher.

Ce sinistre amas de crottes, — ces vitrages encrassés par la pluie et par la poussière, — ces huttes plates et couvertes de haillons au dehors, la saleté des murailles commencées, cet ensemble de choses qui tenait du camp des bohémiens, des baraques d'une foire, des constructions provisoires dont Paris entoure les monuments qu'on ne bâtit pas ; — cette physionomie grimaçante aliait admirablement aux différents commerces qui grouillaient sous ce hangar impudique, effronté, plein de gazouillements et d'une gaîté folle où, depuis la révolution de 1789 jusqu'à la révolution de 1830, il s'est fait d'immenses affaires.

Pendant vingt années, la Bourse s'est tenue en face, au rez-de-chaussée du Palais.

Ainsi, l'opinion publique, les réputations se faisaient et se défaisaient là, aussi bien que les affaires politiques et financières.

On se donnait rendez-vous dans ces galeries, avant et après la bourse.

Tout le Paris des banquiers et des commerçants encombrait souvent la cour du

Palais-Royal, et refluait sous ces abris par les temps de pluie.

La nature de ce bâtiment, surgi sur ce point, on ne sait comment, le rendait d'une étrange sonorité.

Les éclats de rire y foisonnaient.

Il n'arrivait pas une querelle à un bout, qu'on ne sût à l'autre de quoi il s'agissait.

Il n'y avait là que des libraires, de la poésie, de la politique et de la prose, des marchandes de modes et des *filles* qui y venaient seulement le soir.

Là, fleurissaient les nouvelles et les livres, les jeunes et les vieilles gloires, les conspirations de la tribune et les mensonges de la librairie.

Là, se vendaient les nouveautés au public qui s'osbtinait à ne les acheter que là.

Quelques boutiques avaient des devantures, — des vitrages assez élégants ; mais ces boutiques appartenaient aux rangées donnant sur le jardin ou sur la cour.

Jusqu'au jour où périt cette étrange colonie sous le marteau de l'architecte Fontaine, les boutiques sises entre les deux galeries furent entièrement ouvertes, soutenues par des piliers comme les boutiques des foires de province, et l'œil plongeait sur les deux galeries à travers les marchandises ou les portes vitrées.

Comme il était impossible d'y avoir du feu, les marchands n'avaient que des chaufferettes, — ils faisaient eux-mêmes la police du feu.

Une imprudence pouvait enflammer en un quart d'heure cette république de planches desséchées par le soleil et comme enflammées déjà par la prostitution, — encombrées de gaze, de mousseline, de papiers, et soufflées par les courants d'air.

Les boutiques de modistes étaient pleines de chapeaux inconcevables, et qui semblaient être là, moins pour la vente que pour la montre ; tous, accrochés par centaine, à des broches de fer terminées en champignon, et pavoisant les galeries de leurs vives couleurs.

Pendant vingt ans, tous les promeneurs se sont demandés sur quelles têtes ces chapeaux achevaient leur carrière.

Des ouvrières égrillardes raccrochaient les hommes et les femmes par des paroles emmiellées et astucieuses, suivant les us et coutumes du carreau du Temple, et avec le langage des halles.

Une belle fille, — debout sur un tabouret, et douée d'une langue aussi déliée que ses yeux étaient actifs, harcelait et provoquait sans relâche les passants :

— Achetez-vous un chapeau, madame ?

— Un joli chapeau, — rose et blanc, — frais comme vos joues...

— Regardez-moi ça, madame, — forme nouvelle, — tout ce qu'il y a de plus distingué. — Sa Majesté la reine d'Angleterre et l'impératrice de toutes les Russies en ont fait prendre douze douzaines la semaine passée !

— Laissez-moi donc vous vendre quelque chose, Monsieur...

— Tout ce que vous voudrez, — avec la manière de s'en servir...

— Allons, Monsieur, — vous qui êtes si bel homme! laissez-vous tenter, vous verrez que vous serez content, et ça ne vous coûtera pas cher!

Et cœtera... etc... etc...

Tout ce vocabulaire fécond et pittoresque, mais dont nous supprimons à dessein les hardiesses trop grandes, était varié par les inflexions de voix, par des regards et par des critiques sur les passants.

Les libraires et les marchandes de modes vivaient en bonne intelligence.

Dans le passage, nommé si fastueusement la *Galerie Vitrée*, — dit Balzac, que nous citons encore, — se trouvaient les commerces les plus singuliers.

Là, s'établissaient les ventriloques, les charlatans de toutes espèces; les spectacles où l'on ne voit rien, et ceux où l'on vous montre le monde.

Là, s'est établi, pour la première fois, un homme qui a gagné sept ou huit cents mille francs à parcourir les foires.

Il avait, pour enseigne, un soleil tournant dans un cadre noir, autour duquel éclataient ces mots, en rouge, sur un transparent :

ICI

L'HOMME VOIT

CE QUE DIEU

NE SAURAIT VOIR !

PRIX : DEUX SOUS.

L'aboyeur ne vous admettait jamais seul, ni jamais plus de deux.

Une fois entré, vous vous trouviez nez à nez avec une grande glace.

Tout-à-coup, une voix, qui eût épouvanté Hoffmann le Berlinois, partait comme une mécanique dont le ressort est poussé.

— Vous voyez là, Messieurs, ce que, dans toute l'éternité, Dieu ne saurait voir, c'est-à-dire, votre semblable. — Dieu n'a pas son semblable !...

Vous vous en alliez honteux, sans oser avouer votre stupidité.

De toutes les petites portes, partaient des voix semblables, qui vous vantaient des cosmoramas, des vues de Constantinople, des spectacles de marionnettes, des automates qui jouaient aux échecs, des chiens qui distinguaient la plus belle femme de la société, etc...

Le ventriloque Fitz-James a fleuri là, dans le café Borel, avant d'aller mourir à Montmartre, mêlé aux élèves de l'école Polytechnique.

Il y avait des fruitières et des marchandes de bouquets, et un fameux tailleur, dont les broderies militaires reluisaient, le soir, comme des soleils.

Le matin, — jusqu'à deux heures après midi, — les *Galeries de Bois* étaient muettes, sombres et désertes.

Les marchands y causaient comme chez eux.

Le rendez-vous que s'y donnait la population parisienne ne commençait que vers trois heures, à l'heure de la Bourse.

Dès que la foule venait, il se pratiquait des lectures gratuites, à l'étalage des libraires, par les jeunes gens affamés de littérature et dénués d'argent.

Les commis, chargés de veiller sur les livres exposés, laissaient charitablement les pauvres gens tourner les pages.

S'il ne s'agissait que d'un in-12 de deux cents pages, comme — *Smarra*, — *Pierre-Schlémilh*, — *Jean-Sbogar*, — *Thérèse-Auber*, — en deux séances il était lu.

En ce temps-là, les cabinets de lecture n'existaient pas, — il fallait acheter un livre pour le lire, — aussi les romans se vendaient-ils alors à des nombres qui paraîtraient fabuleux aujourd'hui; — il y avait donc je ne sais quoi de français dans cette aumône faite à l'intelligence, jeune, avide et pauvre.

Ce terrible bazar brillait de toute sa poésie à la tombée du jour.

Des rues adjacentes, allaient et venaient un certain nombre de *filles* qui pouvaient s'y promener sans rétribution.

De tous les coins de Paris, une *fille* accourait *faire son Palais.*

Les *Galeries de Bois* étaient le *Palais* par excellence, mot qui signifiait le temple de la prostitution.

Les *Galeries de Pierre* appartenaient à des *maisons* privilégiées, qui payaient le droit d'exposer des créatures habillées comme des princesses, entre telle et telle arcade, et à la place correspondante dans le jardin.

Les *Galeries de Bois* étaient, pour la prostitution, un terrain public, — une femme pouvait y venir, en sortir, accompagnée de sa proie, et l'emmener où bon lui semblait.

Ces femmes attiraient donc, le soir, aux

Galeries de Bois, une foule si considérable, qu'on y marchait au pas, comme à la procession ou au bal masqué.

Cette lenteur ne gênait personne, — elle servait l'examen.

Ces femmes venues de toutes les contrées, et presque toutes belles à damner Saint-Antoine, étaient parées des costumes les plus gracieux de chaque nation.

La France, — la Grèce, — la Judée, — l'Italie, — la Turquie, — la Pologne, — l'Espagne, — l'Inde, — la Perse, — que sais-je encore, — étaient représentées par de ravissantes créatures, vêtues de robes, — de mantilles, — de dolmans, — de burnous, — de ce qui couvrait le moins et dévoilait le plus.

Des turbans, — des bérets, — des diadèmes, — des plumes, — des fleurs, — couvraient à demi des chevelures, brunes, — blondes, — cendrées, — noires, — fauves, — tressées, — bouclées, — dénouées ou flottantes.

Toutes les tailles se cambraient hardiment, — les gorges étaient effrontément nues, — les épaules décoletées jusques au milieu du dos.

Les regards brûlaient, — les sourires appelaient, — les lèvres entr'ouvertes étaient chargées de promesses voluptueuses, — les chairs nues et étincelantes, — les jambes montrées avec un cynisme inouï, — fascinaient, enivraient.

La licence des interrogations et des réponses, ce dévergondage public, en harmonie avec le lieu lui-même, n'existent plus, même dans les bals de l'Opéra.

C'était horrible et gai.

La blancheur éclatante des gorges et des épaules, produisait au milieu des vêtements d'hommes, presque toujours sombres, de splendides oppositions.

Le brouhaha des voix et le bruit de la promenade formaient un murmure qui s'entendait du milieu du jardin, comme une basse continue, brodée des éclats de rire des filles et des cris de quelques rares disputes.

Les personnes comme il faut, — les hommes les plus marquants y étaient coudoyés par des gens à figures patibulaires.

Ce monstrueux assemblage avait je ne

sais quoi de piquant, les hommes les plus insensibles étaient émus.

Aussi tout Paris est-il venu jusqu'au dernier moment. — Il s'y est promené sur le plancher de bois que l'architecte a fait au-dessus des caves pendant qu'on les bâtissait.

Des regrets immenses et unanimes ont accompagné la chute de ces ignobles morceaux de bois.

La démolition des galeries et la suppression des jeux, ont enlevé au Palais-Royal son dernier caractère de corruption gigantesque.

Il était peut-être le seul endroit du monde où se put rencontrer une maison ainsi distribuée :

Au rez-de-chaussée, un *restaurateur* et un *armurier!*

A l'entresol, un *Mont-de-Piété!*

Au premier, un *tripot!*

Au second, un *harem!*

Ainsi, — entre quatre murailles se trouvaient réunies toutes les jouissances de l'abdomen, — de l'épiderme, et de la cupidité! — sans compter le suicide pour couronner l'œuvre et finir dignement l'orgie!

Nous le répétons, le Palais-Royal, aujourd'hui, n'est plus rien.

Chose étrange et triste, — touchante et profonde moralité de notre époque! — La débauche était son âme et sa fortune, — en perdant ses vices il a perdu sa vie!

II

TENTATIONS.

C'était au mois de juin de l'année 1822.

Neuf heures du soir venaient de sonner.

La journée avait été étouffante et les promenades de Paris s'encombraient d'une foule avide d'un peu d'air pur et de bienfaisante fraîcheur.

Mais l'espoir de cette foule était absolument déçu. — La chaleur, en effet, semblait augmenter au lieu de décroître.

Le ciel sombre, constellé d'étoiles d'or, pesait, sur la grande ville, lourd et brûlant comme un disque d'airain, et pas un souffle de brise ne venait effleurer les tempes baignées de sueur et les lèvres blanchies par la poussière.

Le jardin du Palais-Royal, surtout, — resserré entre les quatre façades qui pendant douze heures avaient concentré sur lui les rayons d'un soleil tropical, — le jardin du Palais-Royal, disons-nous, était une véritable fournaise.

Et cependant la foule des promeneurs ne se ralentissait pas, et, de minute en minute, de nouveaux venus débouchant par toutes les issues accouraient grossir les masses déjà compactes.

C'est à peine si l'incessante cohue pouvait se frayer un passage à travers les rangs pressés des *nymphes* et des *appareilleuses*.

La luxure flottait dans l'air.

L'atmosphère se saturait d'une électricité voluptueuse.

Les plus sages se sentaient troublés.

Les plus calmes croyaient assister à la mise en scène d'une de ces visions étranges familières aux mangeurs d'opium.

On ne vivait pas, — on dormait, — on rêvait en marchant. — Ce n'était plus Paris,—C'était l'Orient, - l'Orient, fou d'une ardeur lubrique et préludant à la fête d'Astarté.

Soudain la brise s'éleva.

Une clameur joyeuse s'échappa de toutes les bouches.

Toutes les poitrines, arides et desséchées, s'offrirent au souffle si longtemps attendu, qui, s'emparant aussitôt des mille parfums des femmes et des fleurs, métamorphosa le jardin entier en une immense cassolette.

Une sorte de torpeur sensuelle succéda à cette première sensation d'ineffable bien-être.—Un accablement plein de charmes, une irrésistible et molle volupté étreignaient l'âme et le corps, et l'on se laissait aller sans résistance aux suggestions de l'heure et du lieu.

C'était enfin un enivrement presque semblable à celui que Victor Hugo décrit d'une façon si merveilleuse dans ces vers des *Orientales* :

> . . . .
> Parfois l'on entendait vaguement dans les plaines
> S'étouffer des baisers, se mêler des haleines,
> Et les deux villes sœurs, lasses des feux du jour
> Soupirer mollement d'une étreinte d'amour ;
> Et le vent qui passait sous le frais sycomore
> Allait tout parfumé de Sodome à Gomorrhe !!
> . . . .

§

Depuis la tombée de la nuit, un jeune homme, remarquable à plus d'un titre, errait parmi les groupes, — allant tantôt à droite, tantôt à gauche, selon que le flux ou le reflux de la vague humaine le poussait au hasard, et jetant des regards de brûlante convoitise sur les impudiques nudités qui, de toutes parts, sollicitaient ses yeux.

Évidemment ce jeune homme ne cherchait rien et n'attendait personne, car il s'abandonnait avec la plus complète inertie aux oscillations qu'imprimaient à sa marche les coudes de ses voisins, et peu semblait lui importer d'avancer ou de reculer, d'aller de biais ou de marcher en ligne droite.

Il pouvait avoir vingt ans.

Il était grand et mince, — les traits de son visage, couronnés par une forêt de beaux cheveux noirs naturellement bouclés, offraient un type d'une admirable distinction, d'une douceur et d'une régularité toute féminines.

Une pâleur extrême, — un air de souffrance et d'abattement ajoutaient encore à la distinction que nous venons de signaler.

Sa peau blanche et transparente et l'exquise finesse de ses extrémités, révélaient à l'œil observateur des indices à peu près certains d'une origine aristocratique.

Et cependant la misère, — la misère froide, — complète, — sordide, — se lisait dans son étrange et misérable accoutrement.

Il portait un pantalon de coutil, jadis blanc, mais à cette heure, zébré de mille taches et boueux jusqu'à la hauteur du genou, quoique, depuis plus de quinze jours, les rues de Paris les plus fangeuses eussent été séchées et presque calcinées par la chaleur.

Un vieux gilet, dont nous ne saurions décrire la nuance, se croisait, grâce à des ficelles, sur une chemise horrible.

Enfin un habit noir, à longue queue de morue déchiquetée, offrait, aux coudes et au milieu du dos, de désolantes solutions de continuité.

Joignez à cette toilette peu somptueuse un chapeau sans fond et des souliers en lambeaux, et vous jugerez combien il fallait que fût éclatante la beauté de notre personnage, pour ne se point annihiler dans ce cadre hideux.

Après avoir erré longtemps ainsi que nous venons de le dire, le jeune promeneur, fatigué sans doute de tant de marches et de contremarches, quitta le centre du jardin et se dirigea vers la galerie qui longe la rue de Valois.

Cette galerie était moins encombrée que le reste du palais et la circulation s'y trouvait, sinon facile, du moins possible.

Là, notre jeune homme s'arrêta, tout pensif, devant les vitrages resplendissants d'un magasin de comestibles.

Sur les tablettes de marbre blanc s'étalaient des jambons savoureux, — des fruits veloutés, — des poissons énormes étalés sous des couches de glace, — des pâtés entr'ouverts, — des primeurs de toutes les espèces, — des flacons de liqueurs des îles, enfin ces myriades de superfluités luxueuses créés à l'usage de ceux qui de leur ventre ont fait leur dieu.

En contemplant toutes ces merveilles, le regard du jeune homme prit la même expression que quand, l'instant d'avant, il se fixait sur les gorges nues et sur les épaules blanches et satinées des filles d'amour.

Puis il fit deux gestes.

Deux gestes déchirants et lugubres dans leur simplicité...

D'abord il porta douloureusement la main sur sa poitrine.

Ensuite il toucha l'une après l'autre les deux poches de son gilet et celles de son pantalon...

Aucun bruit métallique ne s'échappa de leurs profondeurs.

Donc il était sans un sou.

Sans un sou ! et il avait faim !!!

Le pauvre garçon s'arrachant alors au féerique mirage qui ne pouvait qu'ajouter aux angoisses de son estomac vide, fit quelques pas en avant.

Mais, de nouveau, et pour ainsi dire malgré lui, il s'arrêta devant une seconde boutique :

C'était celle d'un changeur.

On eût dit à le voir que quelque pouvoir surhumain le tenait cloué là.

Ses yeux, grandis par la contemplation,

dévoraient les richesses protégées par le mince grillage de fer, et semblaient s'illuminer des fauves reflets de l'or.

C'est qu'en effet, dans de larges sébiles, étincelaient à la fois des quadruples, — des guinées, — des ducats, — des piastres, — des roupies, — les monnaies du monde entier.

Le précieux métal apparaissait là sous toutes ses formes et sous tous les aspects, réalisant une gamme de couleurs d'une admirable variété :

L'or était tantôt rouge, — tantôt jaune ou verdâtre, — tantôt pâle et rosé.

Des pièces de cinq francs, toutes neuves, frappées à l'effigie du bon roi Louis XVIII, s'alignaient en piles innombrables.

Des rouleaux éventrés, réalisaient l'allégorie trop souvent menteuse des cornes d'abondance.

Des paquets de billets de banque, révélaient la toute-puissance du crédit, comparable à celle de l'argent.

Le jeune homme, — immobile et muet, s'absorbait de plus en plus dans sa préoccupation profonde.

Sa poitrine était haletante.

Ses tempes battaient violemment.

De grosses gouttes de sueur ruisselaient sur son visage.

Enfin, il fit sur lui-même un effort désespéré, — il quitta la galerie, et, rentrant dans le jardin, il s'assit sur l'un des bancs de pierre adossés aux pilastres du palais.

Hélas! — il n'avait fait que changer de supplice.

Au premier étage, — c'est-à-dire, au-dessus de sa tête, — se trouvaient les salons d'un tripot.

Les fenêtres étaient largement ouvertes, à cause de la chaleur étouffante.

Et, — à des intervalles réguliers, — on entendait tomber ces mots sacramentels :

— Faites votre jeu, Messieurs.

— Le jeu est fait. — rien ne va plus.

— Rouge passe! — Impair gagne! etc... etc...

Puis les bruissements, métalliques et soyeux, de l'or et des billets froissés par le râteau des croupiers.

Le jeune homme passa la main sur son front.

Une sorte d'égarement se peignit dans sa physionomie.

Il se leva de son banc et se disposa à quitter, non-seulement le jardin, mais encore les galeries et le Palais-Royal.

En ce moment, une main se posa sur son épaule et une voix fortement timbrée lui dit :

— J'ai l'honneur, Monsieur, de vous souhaiter le bonsoir.

Le jeune homme se retourna, non sans

surprise, et se vit face à face avec un inconnu.

III

L'INCONNU.

L'inconnu qui venait d'adresser si inopinément la parole à notre nouvelle connaissance, était un homme d'environ quarante-cinq ans, de taille moyenne et de complexion vigoureuse.

Ses cheveux coupés en brosse, ses favoris courts, ses longues moustaches noires retroussées, donnaient à sa figure basanée un cachet éminemment militaire.

Il portait le costume à la mode du jour : redingote bleue avec un collet d'une hauteur démesurée et des manches à gigots ; — pantalon blanc bouffant de la ceinture et échancré sur le coude-pied, de façon à découvrir entièrement la botte.

Un chapeau fort évasé du haut et retroussé des bords (de cette forme qu'aujourd'hui l'on appelle vulgairement *chapeau-tromblon*), se penchait crânement sur son oreille droite.

Un ruban de deux ou trois couleurs ornait sa boutonnière, et sa main, bien gantée, jouait avec une canne de grosseur respectable.

Depuis une heure à peu près, ce monsieur suivait pas à pas le jeune homme que nous suivions nous-même, et qui ne se doutait point de cette occulte surveillance.

Il l'avait vu jetant des regards de flammes aux courtisannes des Galeries de Bois.

Il l'avait observé en face du magasin de comestibles, — puis auprès de la boutique du changeur, et enfin sous la fenêtre de la maison de jeu.

A chacune de ces stations, un sourire de plus en plus triomphant était venu faire frissonner les poils rudes de sa moustache.

Enfin, à la dernière, il s'était dit en hochant joyeusement la tête :

— Jeune, — beau, — libertin, — gourmand, — cupide, — joueur et pauvre ! décidément c'est le diable qui me l'envoie ! — Je chercherais dix ans, sans trouver aussi bien ! !

Et comme le jeune homme quittait son banc de pierre, juste au moment où la réflexion sus-énoncée, se formulait dans l'esprit de l'inconnu, ce dernier fit deux pas en avant et lui toucha l'épaule en disant :

— J'ai l'honneur, Monsieur, de vous souhaiter le bonsoir.

— Bonsoir, Monsieur, — répondit sèchement le jeune homme, après s'être assuré par une minute d'examen attentif qu'il n'avait jamais vu son interlocuteur.

— Vous plairait-il, Monsieur, de m'accorder la faveur d'un moment d'entretien? — reprit l'inconnu de l'air le plus gracieux, sans se laisser décourager par la froideur de la réception qui lui était faite.

— Moi, Monsieur? — demanda l'adolescent.

— Vous-même.

— J'ai tout lieu de supposer qu'il y a ici quelqu'erreur de votre part, et que vous me prenez pour un autre...

— Non, Monsieur, il n'y a pas d'erreur.

— Ainsi, vous croyez me connaître??

— Nullement, Monsieur et j'ai la certitude de vous rencontrer ici pour la première fois de ma vie.

— Mais alors, je ne comprends pas.....

— C'est précisément pour vous expliquer ce que vous ne comprenez point, que je prends la liberté de vous demander de nouveau la faveur d'un moment d'entretien.

— Soit. — Je vous écoute.....

— Si vous vouliez bien m'accompagner jusque dans la rue voisine, nous pourrions causer, sans être à chaque instant dérangés par la foule.....

— Je vous suis, Monsieur.

Les deux interlocuteurs sortirent du Palais-Royal, et s'arrêtèrent sur le trottoir peu éclairé de la rue de Valois.

Quelques spectres de femmes les coudoyaient en passant et murmuraient à leur oreille des paroles obscènes et des promesses libertines.

C'étaient de malheureuses créatures qui, trop laides ou trop mal vêtues pour oser affronter les lumières éclatantes du grand Bazar de la prostitution, mendiaient l'obole du vice en frôlant les murailles sombres.

L'inconnu reprit la parole :

— Sans doute, — dit-il, — ma démarche vous paraît bizarre ?...

— J'avoue, en effet, que je ne puis m'en rendre compte.....

—Attendez pour juger !—Je vous porte, Monsieur, un très vif intérêt...

— Vous ! — à moi !! — s'écria le jeune homme dont l'étonnement croissait.

— Oui, Monsieur, — moi, à vous.

— Et pourquoi cela, je vous prie ?

— Parce qu'on s'attache aux gens en raison de l'importance des services qu'on leur a rendu...

— Eh bien ?

— Et que je viens de vous rendre un service énorme.

— Un service.... énorme!!..... dites-vous ?....

— Je maintiens le mot.

— Et quand cela ?

— Tout à l'heure.....

— Ceci est-il une plaisanterie, Monsieur??

— Pas le moins du monde...

— Alors, — permettez-moi de vous le dire, — vous êtes fou!

— Je vais vous obliger à convenir du contraire. — Où alliez-vous, quand je vous ai posé la main sur l'épaule?

— Où j'allais? — répéta le jeune homme en tressaillant.

— Oui, où alliez-vous?

— Que vous importe??

— Il m'importe peu, en effet, que vous me le disiez, car je le sais.

Un sourire d'incrédulité se dessina sur les lèvres de l'adolescent.

L'inconnu continua :

— Vous alliez traverser la rue Saint-Honoré, puis la rue du Coq, puis la place du Louvre, pour arriver enfin à la Seine par le plus court chemin. — Vous alliez vous noyer.

— Monsieur !! — s'écria le jeune homme.

— Est-ce vrai ? — demanda froidement l'inconnu.

Puis, voyant que son interlocuteur baissait la tête et gardait le silence, il reprit :

— Et pourquoi vouliez-vous en finir avec la vie, — je vous le demande ? — pour les raisons les plus frivoles, les plus insignifiantes !—parce que vos poches sont vides, — parce que l'on vous a renvoyé, faute de paiement, du garni que vous occupiez, — parce que les vêtements que vous avez sur le corps sont en piteux état et qu'il vous est impossible de les remplacer, — parce qu'enfin vous n'avez peut-être pas déjeûné ce matin, et qu'à coup sûr vous n'avez pas dîné ce soir.....

— Monsieur! Monsieur! — Vous me connaissez donc?...

— Pas le moins du monde, je vous le répète.

— Mais alors, comment savez-vous?.....

— Je ne sais rien, — je devine, et votre exclamation me prouve que je devine juste.

— Et vous ne trouvez pas suffisantes les raisons qui me poussent au suicide?...

— Je les trouve pitoyables!

— En vérité! — fit l'adolescent avec un sourire amer.

— C'est comme j'ai l'honneur de vous le dire.

— Je voudrais vous voir à ma place.

— Ah! je voudrais m'y voir aussi, — j'aurais vingt-cinq ans de moins, ce qui m'arrangerait fort?

— Eh! qu'importe mon âge, puisque je vais mourir?...

— Allons donc, mon jeune ami, — permettez-moi de vous donner ce nom, — allons donc!—vous ne mourrez pas le moins du monde, — c'est moi qui vous le dis.

— Auriez-vous par hasard la prétention de mettre obstacle à mes volontés?

— J'ai cette prétention.

— Par la violence?

— Non, — par la persuasion.

— Je vous préviens que vous échouerez.

« — J'aurai du moins l'honneur de l'avoir entrepris! »

Déclama l'inconnu d'une façon comique.

— Mais, Monsieur, vous ne savez pas que je n'accepterais maintenant la vie qu'à la condition de pouvoir satisfaire tous mes goûts, réaliser tous mes rêves.....

— Après?

— Vous ne savez pas que mes instincts me poussent à tous les plaisirs, à toutes les sensualités, — j'adore la bonne chère, les femmes et le jeu.....

— Eh bien?

— Eh bien! vous n'avez, je le suppose, ni le pouvoir ni la volonté de me donner tout cela...

— Qui sait? — demanda l'inconnu.

— Monsieur, — reprit l'adolescent en fixant sur son interlocuteur un regard, empreint tout à la fois et de reproche et de colère, — il est cruel de jouer avec l'agonie d'un homme qui ne vous demande rien.

— Faites-moi le plaisir, mon jeune ami, de ne point dénaturer ainsi l'intention de mes paroles, — je m'explique d'une façon claire, — précise, — catégorique, — je vous offre positivement ce luxe, ces jouissances et ces plaisirs que vous ambitionnez et sans lesquels, je le pense comme vous, la vie ne vaut point la peine d'être regrettée ni même conservée.

Ces dernières phrases furent prononcées d'un ton si net et si précis, que l'adolescent se vit forcé de les prendre au sérieux.

— Ah çà! — demanda-t-il, — Vous avez donc quelque crime à me proposer?

— Un crime! — répéta l'inconnu en riant à gorge déployée, — Ma foi, mon jeune ami, si je ne connaissais l'état de vos finances, je croirais que vous venez d'assister au boulevart à la représentation de quelque bon gros mélodrame, bien noir et bien rempli de pactes mystérieux! — Regardez-moi, je vous prie, avec quelqu'attention, et dites-moi si vous me trouvez l'apparence d'un malfaiteur?...

—Non, certes!...—balbutia l'adolescent, honteux du soupçon qu'il venait d'émettre.

— Soyez tranquille, continua l'homme âgé, — soyez parfaitement tranquille et ne vous creusez pas la tête pour chercher des raisons biscornues à l'intérêt que je vous témoigne. — Je n'attends quoi que ce soit de vous, ni en bien ni en mal, — tout ce que j'exige, c'est que vous renonciez pour ce soir à vos velléités de suicide, — il n'y a rien de plus malsain que d'aller se noyer l'estomac vide! — Donc, venez souper avec moi, et si demain matin vos idées sont toujours les mêmes, je vous promets de ne faire aucun effort pour vous retenir, et, ma foi, la Seine coulera pour vous comme elle coule pour tout le monde! — Venez-vous, oui ou non?

— Oui, — répondit le jeune homme.

— À la bonne heure, — voilà parler!

L'inconnu se mit en marche, suivi par l'adolescent.

Mais au bout de vingt pas ce dernier s'arrêta.

Une idée horrible venait de lui traverser l'esprit.

— Qu'y a-t-il ? — demanda l'inconnu en se retournant.

— Il y a que je ne vous accompagnerai pas plus loin avant que vous n'ayez répondu à une question...

— Laquelle ? — Parlez vite !

Le jeune homme murmura quelques mots à l'oreille de l'inconnu, qui partit de nouveau d'un long et bruyant éclat de rire et qui s'écria :

— Soyez sans crainte ! — Tout est dans la nature, — et si j'avais la passion qui vous effraye, ma foi, je l'avouerais bonnement, — à cet égard, ma morale est très large, — mais je n'ai pas cette passion, parole d'honneur, ainsi vous pouvez venir !

Après cette brève mais satisfaisante explication, les deux compagnons se remirent en marche.

IV

MONSIEUR LE BARON.

Les deux individus, que le hasard venait de mettre en rapport, descendirent ensemble la rue de Valois, jusqu'à l'angle de la rue Saint-Honoré.

En cet endroit stationnait un tilbury d'une grande élégance, attelé d'un cheval anglais, dont un connaisseur n'eût point manqué d'admirer la belle encolure, le large poitrail, la tête fine et intelligente et les jambes sèches et nerveuses.

Devant ce cheval, et le contenant du geste et de la voix, se tenait debout un groom de proportions microscopiques, vêtu d'une redingote noire sanglée par un ceinturon de cuir blanc, orné de bottes à larges revers qui rejoignaient une culotte de peau, et coiffé d'un chapeau de feutre à large cocarde noire.

— Montez, je vous prie, — dit le plus âgé de nos personnages en désignant le tilbury à son compagnon.

Ce dernier, après avoir hésité pendant une seconde, franchit le marchepied et s'assit sur le coussin de gauche.

Le maître de la voiture prit place à côté de lui, saisit d'une main les rênes de soie blanche, de l'autre le fouet à poignée d'argent, et, tandis que le groom se hissait lestement derrière la voiture, il fit claquer sa langue contre son palais, en murmurant :

— Hop ! Favori ! hop !

Le noble animal partit avec la rapidité de l'éclair et le cabriolet, habilement dirigé au milieu du dédale des voitures qui se croisaient et se dépassaient, longea pendant un instant la rue Saint-Honoré, entra dans la rue Croix-des-Petits-Champs, traversa la place des Victoires, s'engagea dans la rue des Fossés-Montmartre, et, au bout de quelques minutes, s'arrêta devant une maison de la rue Meslay.

Au premier cri du groom, la porte de cette maison s'ouvrit et le tilbury roula sous la voûte qui conduisait à une vaste cour.

— Nous sommes arrivés,— dit l'homme âgé.

Et il descendit le premier après avoir jeté les guides au domestique qui venait de reprendre son poste à la tête du cheval.

— Voulez-vous me suivre ? — ajouta-t-il; — Ce n'est pas bien haut.

En effet, après avoir franchi les marches luisantes d'un escalier somptueusement éclairé, les deux compagnons se trouvèrent sur le carré du premier étage, en face d'une porte à deux battants, recouverte en velours grenat garni de clous à tête de cuivre.

L'inconnu heurta légèrement avec le pommeau de sa canne.

La porte s'ouvrit, — un grand laquais, en livrée verte et or et portant des aiguillettes de même, apparut sur le seuil et s'effaça respectueusement pour laisser entrer les arrivants.

— Baptiste, — dit à ce valet l'homme qui paraissait le maître de la maison, — faites servir immédiatement à souper. — Deux couverts et du champagne frappé.

Le domestique s'inclina en répondant :

— Oui, monsieur le Baron.

—Mais d'abord, — ajouta ce dernier, —

apportez au salon un flacon de madère et des biscuits. — Allez.

Le laquais disparut par une porte latérale et les nouveaux venus, après avoir traversé l'antichambre, pénétrèrent dans un salon de moyenne grandeur.

Ce salon, par une bizarrerie de bon goût, était meublé tout à l'orientale.

Une tenture de cachemire blanc à grandes palmes recouvrait les murailles.

Un large divan, bas et circulaire, étalait les couleurs variées de son lampas éblouissant.

Enfin les pieds foulaient une natte d'une extrême finesse et d'une incomparable fraîcheur.

Un *Narguilhé*, d'argent massif et ciselé, était placé sur un trépied au milieu de la chambre.

Le personnage que nous avons entendu nommer *monsieur le Baron*, ôta son chapeau, ouvrit les deux fenêtres et s'écria :

— On étouffe, ici, morbleu! — Il est étonnant qu'on ne puisse, même avec toutes les précautions imaginables, se garantir chez soi de cette horrible chaleur! — La température de ce salon est celle d'une étuve! Qu'en dites-vous, mon jeune ami?

Et il se tourna vers l'adolescent.

Mais ce dernier ne répondit point.

Il était entièrement absorbé par la contemplation des objets qui l'entouraient, et sans doute il ne retrouvait point dans ses souvenirs l'équivalent d'un luxe pareil.

Le baron mordit sa moustache pour dissimuler un sourire, et se jeta sur le divan en s'essuyant le front.

En ce moment le domestique entra.

Il portait sur un plateau de vermeil deux petites coupes en véritable verre de Bohême, un large flacon de cristal taillé à facettes, et une pile de biscuits glacés.

La lumière des flambeaux, jouant dans les ciselures du cristal, faisait étinceler le vin de Madère comme des topazes en fusion.

Le baron remplit une coupe, et la présenta lui-même au jeune homme, qui en avala rapidement le contenu, tout en dévorant deux biscuits.

—Doucement, mon jeune ami, — lui dit le baron avec un nouveau sourire, — songez que nous allons nous mettre à table.

L'adolescent rougit légèrement et reposa sur le plateau sa coupe vide.

—Avez-vous donné des ordres, Baptiste? — demanda le maître de la maison.

— Le souper de monsieur le Baron sera prêt dans dix minutes, — répondit le valet.

— Faites en sorte que l'on se hâte, je vous prie.

Les dix minutes n'étaient pas écoulées que déjà retentissait l'annonce sacramentelle :

— Monsieur le Baron est servi.

— Fort bien. — Voulez-vous venir, mon jeune ami ?

L'adolescent suivit son hôte.

Il commençait à se croire le jouet de quelque songe charmant, mais éphémère, et tremblait de s'éveiller.

La salle à manger offrait le plus gracieux coup-d'œil.

Elle était boisée tout en chêne verni, et chacun de ses panneaux sculptés représentait des scènes de chasse, des fleurs ou des fruits.

La table, — recouverte d'une nappe damassée en toile de Hollande et d'un très beau service en porcelaine du Japon, —

était chargée de volailles, — de poissons, — de confitures rares, — de fruits des deux mondes, etc..., etc...

Plusieurs bouteilles, du vin pétillant d'Aï, se congelaient dans de grands rafraîchissoirs en argent, remplis de glace.

Deux candelabres à huit branches éclairaient *à giorno* ces merveilles gastronomiques.

Enfin des bassins de marbre blanc, en forme de coquille, placés dans chacun des angles de la salle à manger et recevant la poussière humide de petits jets d'eau continus, entretenaient dans l'atmosphère cette délicieuse fraîcheur que le baron se plaignait, l'instant d'avant, de ne pouvoir trouver nulle part.

Les deux hommes s'assirent en face l'un de l'autre.

— Mettez une clochette auprès de mon couvert, — dit le baron au domestique. — Bien. — Maintenant, vous pouvez vous retirer, — si j'ai besoin de vous, je sonnerai.

L'amphytrion et son convive restèrent seuls.

L'adolescent jetait à chaque plat des regards de convoitise et d'impatience.

Le malheureux mourait de faim.

— Vous offrirais-je de cette galantine? — demanda le baron.

Pour toute réponse, le jeune homme tendit son assiette.

Et l'on n'entendit pendant un instant que

le bruit actif et continu de ses mâchoires qui broyaient les morceaux avec la vitesse et la régularité d'une meule.

En deux minutes, l'assiette fut vide.

— Goûtez à ce champagne, je vous prie, — dit le baron, — je crois que vous en serez content, c'est du *Bouzy œil de perdrix*, d'une excellente année.

Le jeune homme goûta, et un rayonnement sensuel, symptôme d'une vive jubilation intérieure, vint s'épanouir sur son visage.

— Eh bien ! — demanda le baron, — comment le trouvez-vous ?

— Plus que parfait !

— Ceci me prouve que vous êtes connaisseur. — Accepterez-vous un morceau de cette truite?

— Très volontiers.

L'assiette se remplit de nouveau, et la truite disparut en un clin-d'œil, comme avait fait la galantine.

Le baron semblait enchanté du brillant appétit de son convive.

— Allons, — lui dit-il, — faites honneur de nouveau à ce Bouzy puisqu'il vous a plu; ensuite, je vous offrirai une aile de faisan. — Ce volatile infortuné vient de la forêt royale de Saint-Germain, — mon chef de cuisine est en relations avec un coquin de braconnier, mauvais drôle, mais chasseur habile, qui ne me laisse manquer de gibier en aucune saison, et qui, pourvu qu'on ne marchande point avec lui, s'inquiète, en vérité, fort peu de dépeupler *les plaisirs du roi!*

L'adolescent fit honneur au Bouzy, ainsi qu'on le lui demandait.

Ensuite, il *accepta* une aile de faisan, — puis, après l'aile, vint la cuisse, — puis l'autre aile, — puis la seconde cuisse; et enfin la carcasse... — tout y passa.

Il est bien entendu que de larges rasades arrosaient, comme il convient, chaque morceau.

Après ces exploits, — une compote d'ananas disparut, presqu'entière, dans l'infatigable estomac de l'insatiable convive, lequel, après avoir épuisé jusqu'à la dernière goutte une première bouteille, se mit en devoir d'en entamer une seconde.

Il eût été difficile, en ce moment, de reconnaître en lui le jeune homme pâle et désespéré que nous avons rencontré dans le jardin du Palais-Royal.

Ses joues, tout-à-l'heure encore livides et tirées, s'empourpraient d'un brillant vermillon et semblaient presque s'arrondir.

Son regard brillait joyeusement, et les plis précoces d'un sombre découragement s'étaient effacés de son front.

Cette rapide transformation avait restitué toute leur beauté primitive à ses traits si expressifs et si gracieux.

N'étaient les vêtements en lambeaux, la transformation eût paru complète.

Un soupir de contentement s'échappa de sa poitrine, et il s'écria :

—Ah! Monsieur! je ne sais pas si je me noierai demain matin comme j'en avais formé le projet; mais ce qu'il y a de sûr, c'est que je garderai, — même dans l'autre monde, — une éternelle reconnaissance du prodigieux souper que vous m'avez donné ce soir!!

Et, tout en parlant, il saisit la main du baron et la serra dans les siennes avec cette effusion naturelle à l'homme qu'un excellent repas et de nombreuses libations viennent de disposer à une surabondance de tendresse.

Le baron répondit à cette démonstration par une pression également affectueuse et dit en souriant :

— Vous noyer! mon jeune ami! — ah!

ne parlez pas davantage de cette folie, s'il vous plaît!!...

— Cependant...

— Chut! pas un mot de plus. — Nous causerons tout à l'heure, maintenant achevons de souper...

Le baron sonna.

Baptiste parut.

— Le café, — des sorbets, — des liqueurs et des cigares! — lui dit l'Amphytrion; — Vous apporterez du café brûlant et du café à la glace, — ayez-nous des sorbets au rhum et des sorbets au marasquin, — surtout faites vite, — vous êtes en général beaucoup trop lent, Baptiste.

Le laquais baissa la tête avec une humilité profonde, et sortit.

V

LES CONFIDENCES.

— Mon jeune ami, — dit le baron à son convive, lorsque Baptiste eut mis à exécution les ordres dont il venait d'être chargé, — vous voyez que les liqueurs sont à portée de votre main, — voici des sorbets, — il y a dans cette aiguière du café brûlant, et dans cette autre du café à la glace, — donc trêve de cérémonie; servez - vous

vous-même, prenez ce qui vous conviendra, et, si vous le voulez bien, causons.....

— Causons, — répéta le jeune homme, — je ne demande pas mieux.

— D'abord, permettez-moi de vous présenter le maître de céans.

— Le maître de céans! mais... je croyais que c'était vous...

— En effet, c'est moi-même.

— Eh bien?...

— Eh bien! je désire précisément me présenter à vous, car je ne suppose pas que vous sachiez mon nom.

— C'est juste.

— Aussi je vais vous l'apprendre :

— Je suis le baron Ludovic, Anatole, Sacramento de Maubert, ma famille, d'origine espagnole mais depuis deux siècles naturalisée en France, passe pour être illustre, et parmi mes ancêtres, je compte de grands capitaines.—J'ai cinquante-trois ans, je suis garçon, —je possède soixante-deux mille quatre cent vingt-six livres de rentes, plus une fraction appréciable. — J'ai passé une partie de ma vie au service de diverses puissances étrangères, ce qui m'a donné la franchise et la brusquerie d'un vieux soldat, — enfin, lorsque je me suis décidé à quitter la vie active des camps et des batailles, j'avais conquis par mon faible mérite le grade équivalent à celui de colonel, et de plus les insignes des ordres militaires que vous voyez à ma boutonnière. — Ces quelques mots, mon jeune ami, renferment toute mon histoire, et vous me connaissez à cette heure, comme si nous ne nous étions jamais quittés. J'ose attendre de vous, quelques renseignements analogues,— croyez-bien, je vous en prie, que c'est l'intérêt seul et non point une vaine curiosité qui dicte ma démarche... et d'abord, comment vous appelez-vous ?

— Je m'appelle Louis Annibal,— répondit le jeune homme.

— *Louis* est le nom de baptême sans doute, et *Annibal*, le nom de famille ?

— Je le suppose.

— Vous le supposez!! vous n'en êtes donc pas sûr ?

— Non.

— Cependant, vous devez être au fait du nom de votre famille, je suppose...

— Eh bien ! Monsieur, c'est ce qui vous trompe !

— Bah ! est-ce que par hasard vous seriez ?.....

— Enfant trouvé ? — Oui, Monsieur.

Et tandis que Louis Annibal prononçait ces mots, la rougeur de la honte lui montait au visage.

Le baron semblait radieux au contraire, — ses regards pétillaient de joie, et il se frottait vivement les mains.

— Pourquoi donc rougir, mon jeune ami ? — s'écria-t-il enfin. — Ce n'est pas votre faute si vous êtes entré dans ce monde par une porte dérobée, et d'ailleurs les enfants de l'amour sont tous heureux et tous gentilshommes.

— Heureux ! je ne sais pas si je le serai jamais. — Gentilhomme ! je suis sûr de l'être.

— Ah ! ah !

— Oui, Monsieur, et j'en ai des preuves qui, selon moi, sont positives.

— Lesquelles, mon jeune ami, lesquelles ?

— D'abord, je porte un signe ineffaçable, qui prouve qu'on attachait une très grande importance à me retrouver un jour.

— Un signe, dites-vous ?

— L'empreinte d'un bijou, d'une petite croix rougie au feu et appliquée sur mon bras droit, le jour de ma naissance.

— Ceci me semble significatif en effet.

— N'est-ce pas?

— Oui, sans doute..... — Mais, est-ce tout?

— Non. — J'ai su de plus, par l'indiscrétion d'un employé de la maison des *Enfants-Trouvés*, que les langes qui m'enveloppaient étaient de la plus fine toile, et qu'à ces langes on avait joint une bourse pleine d'or et un papier déclarant que j'appartenais à une famille noble, riche, puissante, — que des circonstances fortuites obligeaient seules cette famille à se séparer de moi pour un temps, mais qu'elle viendrait me réclamer un jour, et qu'alors une somme considérable serait la récompense de celui ou de ceux qui m'auraient plus particulièrement protégé.

— Eh bien, est-on venu ?

— Me réclamer ?

— Oui.

— Je n'en sais rien.

— Et comment ne le savez-vous pas??

— Depuis treize ans j'ai quitté l'hospice des *Enfants-Trouvés*.

— Sans y retourner jamais et sans vous informer??

— Oui.

— Pourquoi donc?

— A cause de tout ce qui s'est passé depuis ces treize ans.

— Que s'est-il donc passé?

— Trop de choses!

— Ne voulez-vous pas me les dire, ces choses?

— J'aimerais mieux me taire.

— Libre à vous de garder le silence, mon jeune ami, — mais je vous assure que vous me connaissez bien mal, si vous croyez que l'aveu de quelques sottises, de quelques peccadilles, nuirait le moins du monde à l'intérêt que vous m'inspirez!!

— Cependant... s'il y avait plus que des

sottises..... plus que des peccadilles ?.....

— Eh! qu'importe! — Ne sais-je pas que la jeunesse est folle parfois, et que souvent son impétueuse ardeur l'enivre, comme pourraient le faire les vins les plus capiteux! — Ne sais-je pas qu'en de certaines heures le sang-froid et la raison s'envolent des cerveaux les mieux organisés, et qu'on n'est pas plus responsable des actes commis dans ces moments-là, que l'homme ivre ne doit l'être du vol ou du meurtre consommés dans son ivresse.

Ce monstrueux paradoxe, lancé en avant avec une conviction admirablement jouée, parut impressionner vivement Louis-Annibal.

Le baron s'aperçut de l'effet qu'il venait de produire et poursuivit :

— Oùi, mon jeune ami, — j'ai pour la fougue des vertes années d'inépuisables trésors d'indulgence. — Foin de ces censeurs austères qui prêchent la vertu, quand même, et ne savent pas comprendre que la vertu n'est possible qu'alors que les passions sont éteintes!! — Moi je pense autrement. — Quel âge avez-vous, je vous prie?

— Vingt ans.

— Vingt ans! — Mais à cet âge les fautes n'existent pas, et les crimes eux-mêmes, s'ils étaient possibles, devraient être impunis! — Vingt ans! et vous vous croyez coupable... excellente et candide nature! Allez, mon jeune ami, allez, quoique vous ayez fait, je vous le dis en vérité, vous êtes, à mes yeux, absous par vos vingt ans!!

Le baron considérait très attentivement

Louis-Annibal, pour étudier sur lui les résultats de son infernale éloquence.

Ces résultats dépassaient son attente.

Évidemment le jeune homme, en l'écoutant, se réhabilitait à ses propres yeux.

Monsieur de Maubert voulut porter le dernier coup aux indécisions de son convive, et il ajouta :

— Voilà quelle est ma manière d'envisager les choses, et je crois l'avoir puisée aux sources d'une saine philosophie ; mais si mes arguments vous ont paru sans force, si mes convictions n'ont point passé dans votre esprit, gardez le silence, mon jeune ami, conservez vos secrets, je serais désolé que vous supposiez un seul instant que j'exige de vous des confidences pénibles, en échange de la chétive hospitalité dont je m'estime heureux de vous avoir vu profiter.....

— Ah! Monsieur le baron, — s'écria Louis-Annibal, — je suis prêt à tout vous dire.

— Non, non, mon jeune ami, je ne puis rien entendre, je refuse positivement vos confidences...

— Vous m'en voulez donc beaucoup de mon hésitation de tout à l'heure?

— Pas le moins du monde.

— Alors, prouvez-le moi.

— Comment?

— En consentant à m'écouter.

— Impossible, — demandez-moi toute autre chose, mais, pour cela, non !

— Je vous en supplie...

— Non, vous dis-je !...

— Eh bien ! Monsieur le baron, il ne me reste qu'à prendre congé de vous et à revenir à mes récents projets.....

— Jeune fou ! quelle tête vous avez !! — Allons, puisqu'il faut absolument en passer par tous vos caprices, parlez, j'écoute.

— Ah ! Monsieur le baron, combien vous êtes bon, et combien je vous remercie !!

Annibal prit la main de son hôte, et la serra de nouveau avec une affectueuse cordialité.

— Je commence, — dit-il ensuite.

— L'y voilà ! — pensa le baron, et il ajouta tout haut :

— Surtout, n'oubliez rien.

— Soyez tranquille, je vous dirai tout : — J'avais sept ans, quand on m'annonça que j'allais quitter l'hospice. — Le maître d'école de Ville-d'Avray consentait à se charger de moi, et comme il présentait toutes les garanties exigées par l'établissement, on me remit entre ses mains.

— Quel homme était-ce que ce maître d'école ?

— Un fort brave homme et dont je n'ai point à me plaindre, mais rigide, austère, méticuleux, à cheval sur la religion, sur la morale, etc..... — Il prétendit que j'avais beaucoup d'intelligence et me fit rudement travailler...

— Ce qui ne vous amusait guère??

— Mon Dieu, j'en prenais mon parti et tout alla bien tant que je fus un enfant, mais, sitôt que je devins un jeune homme, je commençai à trouver la sujétion un peu rude et les leçons fort ennuyeuses, surtout les leçons de morale.

— C'était bien naturel.

— Vous comprenez qu'il est dur de servir la messe tous les matins, de faire épeler des bambins pendant six jours de la semaine et de chanter au lutrin chaque dimanche, quand on ne songe qu'à regarder les jolies filles dans le blanc des yeux et à s'en aller voir avec elles si la mousse est touffue au pied des grands chênes dans les bois de Ville-d'Avray.....

— Ah! mon gaillard, vous étiez précoce!!

— Un peu.

— Et, dites-moi, conduisiez-vous ainsi beaucoup de *gentes bachelettes* sur la mousse, au fond des bois?

— Mais, pas trop mal! — répondit Annibal avec une nuance de fatuité!

— Ce qui nuisait nécessairement aux psaumes du lutrin et à l'*abécédaire* des bambins?...

— Je vous le laisse à penser! — mes absences devenaient chaque jour plus longues et plus fréquentes...

— Et le maître d'école, en savait-il la cause ?

— Quelques fois.

— Que faisait-il alors ?

— Comme toujours, des sermons sans fin, entrelardés de textes de l'Écriture ; — il criait à l'abomination, à la désolation, il parlait de déchirer ses vêtemens, de se voiler la face, et de répandre des cendres sur sa tête.....

— Ah! ah! ah! — s'écria le baron en riant aux éclats, — en vérité, tout cela est d'un comique achevé! — Votre récit m'amuse plus que je ne saurais le dire! — Continuez je vous en prie.

— A cette époque, — reprit Annibal,

prodigieusement flatté de l'élogieuse interruption de M. de Maubert, — à cette époque, je me liai d'une façon très intime avec un certain nombre de jeunes gens de mon âge, charmants garçons, fils de bons bourgeois de Ville-d'Avray.....

— Personne ne dut vous blâmer de ces relations, j'imagine?...

—Voilà ce qui vous trompe,—Monsieur le baron,— on prétendit que ces bons garçons étaient précisément les plus mauvais sujets du pays, et que nous formions ensemble une bande de vrais garnements....

— Ce qui n'était point vrai, n'est-ce pas?

— Certes, non! — Nous ne nous réunissions que pour courir les aventures et pour faire de joyeux repas; — ils avaient tous de l'argent, moi j'en manquais absolument, mais j'avais trouvé un moyen de suppléer à la pénurie de mes finances.

— En vérité! — je suis curieux de connaître ce moyen.

— Oh! il était bien simple, — nous prenions rendez-vous dans une guinguette quelconque, ces messieurs payaient le vin et les accessoires; moi, je fournissais en nature les poulets, les lapins, les pigeons et les fruits......

— Vous aviez donc une basse-cour, un clapier, un colombier et un verger?

— Oui et non. — Je n'en possédais pas en propre, mais je faisais de fréquents emprunts à ceux de tous nos voisins.

— C'était une petite industrie fort ingénieuse et très inoffensive.

— Croiriez-vous que certaines gens hargneux osaient qualifier de *vols* ces innocents escamotages?...

— Je le crois, mais je ne le comprends pas! — Que voulez-vous, cependant? — il y a des esprits si mal faits!!!

— Le maître d'école, voyant tout cela, redoublait de sermons et de désolations, mais je finissais toujours par le calmer et le consoler, ce qui fait que ça alla, *cahin-caha*, jusqu'au jour de la grande anecdote.....

— Quelle anecdote?

— Je vais vous la dire. — Un beau soir,

nous étions une demi-douzaine qui venions de *rigoler* dans un cabaret à trois quarts de lieue de Ville-d'Avray; il était à peu près onze heures, peut-être minuit. — Nous revenions à travers champs, nous tenant par le bras, trébuchant par-ci par-là, tombant quelques fois, nous relevant toujours, et chantant à tue-tête la *Mère Godichon* et autres airs patriotiques, quand tout à coup le diable, qui se mêle sans cesse de ce qui ne le regarde pas, voulut que nous rencontrassions une jeune femme....

— Ceci devient de plus en plus intéressant.

— La jeune femme en nous entendant se cache, mais on la dépiste, — elle se sauve, on la poursuit; — elle tombe, on l'attrape, — elle crie, on la fait taire, —

elle se débat, on lui tient les bras et les jambes et on l'emporte dans la forêt.....

— Diable! diable!!

— Justement! c'est le diable qui s'en mêlait, je vous l'ai déjà dit!

— Et dans la forêt, qu'en fit-on?

— Dam! il paraît que nous l'avons violée..... quelque peu.....

— Tous les six??

— Le bruit en a couru ; mais je vous assure que pour ma part je ne me souviens de rien, — j'étais ivre comme dix tonneaux.

— Et le lendemain, qu'arriva-t-il??

— Il arriva que les parents de la jeune

personne déposèrent une plainte entre les mains de M. le procureur du roi, et comme aucun de nous n'était d'humeur à attendre les résultats de l'instruction, comme d'ailleurs la clameur publique signalait en nous les auteurs du méfait, nous prîmes tous, et chacun de notre côté, la résolution salutaire de quitter le pays, ce que nous fîmes immédiatement.

VI

SOLDAT.

Annibal s'interrompit pendant un instant, pour remplir jusqu'au bord un verre à liqueur et le vider d'un trait.

— Mon jeune ami, — dit le baron, profitant de cette minute de silence. — *L'anecdote* que vous venez de me narrer, démontre, selon moi jusqu'à l'évidence, combien mon système philosophique repose sur des bases solides. — Il est clair comme le jour que le fait dont vous venez de me parler, constitue un de ces actes que la loi appelle *crimes*, et qu'elle punit d'une façon rigoureuse! et cependant, dites-moi, vous trouviez-vous bien coupable?...

— Non.

— C'est qu'en réalité vous ne l'étiez point. — Le vin que vous aviez bu devait seul encourir le blâme de la *sottise* qu'il vous avait fait commettre, *sottise* dont, pour votre part, vous n'aviez pas même conservé un souvenir distinct.

— Cela est vrai.

— Croyez-vous d'ailleurs que je m'apitoie beaucoup sur le malheureux sort de votre soi-disant victime? — Remarquez, je vous prie, que ce n'est pas elle qui a porté plainte, mais bien son mari ou ses frères. — Selon toute apparence, l'aimable péronnelle ne s'était jamais trouvée à pareille fête, et elle vous bénissait au lieu de vous maudire !

— Vous croyez ?

— J'en suis sûr, et je pourrais vous citer dix exemples à l'appui ; — mais ne nous arrêtons pas davantage, et poursuivez votre récit. — Après avoir quitté Ville-d'Avray, qu'êtes-vous devenu ?

— J'ai mené pendant une année environ une existence nomade et misérable, sans asile et presque sans pain.

— Mais enfin, comment viviez-vous ?

— Je cueillais des fruits aux arbres des

jardins, — je dérobais des pommes de terre dans les champs, et je les faisais rôtir sous la cendre d'un feu de branchanges et de mousse. — Je couchais dans les bois quand il faisait beau, dans quelque grange ou dans une chaumière abandonnée, alors que venaient les mauvais temps.

— Pauvre garçon, quelle vie !

— Elle était rude, aussi je ne tardai point à m'en dégoûter complètement, et je voulus entrer dans quelque grande ville.
— J'avais traversé une partie de la France, et je me trouvais alors tout auprès de Lyon ; mais mes vêtements en lambeaux, je ne me le dissimulais pas, devaient me faire arrêter comme vagabond, si je me présentais aux barrières.

— Suprême injustice des hommes, qui jugent leurs semblables sur le plus ou moins de délâbrement du costume!!

— C'est bien vrai, ce que vous dites là, monsieur le baron, mais le fait est que je devais avoir une singulière mine. — figurez-vous que depuis longtemps je marchais pieds nus, — mon pantalon s'effrangeait comme une dentelle usée. — Ma chemise était en charpie et ma veste ne me tenait plus sur le corps!!

— Comment suppléer à tout cela?

— Le hasard y pourvut.

— Ah! ah!

— Oui, — je trouvai une bourse...

— Par terre, sur la grande route??

—Hélas non! — dans la poche d'un bon fermier qui revenait de la ville en état de complète ivresse... Ah! monsieur le baron, ce fut un tort, un tort immense, je le sais!!

—Pourquoi donc? — N'est-ce pas l'impérieuse nécessité qui vous dictait ses lois? — Votre action n'était point un vol, c'était tout simplement un impôt forcé, levé par votre misère sur la fortune d'un de vos frères plus heureux... C'était la mise en pratique de la grande maxime fraternelle et humanitaire : — Toi, *tu as*, — moi, *je n'ai pas* ; — *partageons!* — Où est le mal?

—Le fait est que je n'en vois aucun, — d'ailleurs, la bourse était peu garnie.

—Ah! tant pis!!

—Son contenu me permit cependant d'acheter des souliers, — une chemise de grosse toile, — une blouse de paysan et un chapeau de paille. — Ainsi vêtu, je fis dans Lyon une entrée peu triomphale.

— Je le crois sans peine.

—Grâce aux quelques sous qui m'étaient restés de ma *trouvaille*, je pus, durant trois ou quatre jours, manger dans des gargottes et coucher chez des *logeurs*; — mais une fois mon pécule épuisé, plus de nourriture et pas de gîte ! — Dès la première nuit, une patrouille me ramassa sur le pavé et la police correctionnelle me condamna à huit jours de prison, comme vagabond. — En sortant de la geôle, je n'avais d'autre alternative que de mourir de faim ou de me faire voleur, et comme l'un ne me convenait pas plus que l'autre, je pris le parti de m'engager.

— Vous engager !

— Oui.

— Mais il me semble que pour se faire inscrire sur les contrôles des armées de Sa Majesté le roi de France et de Navarre, deux choses sont indispensables.

— Lesquelles?

— Dix-huit ans et des papiers.

— Vous avez parfaitement raison, or, je n'avais que dix-sept ans et demi, et pas le moindre papier.

— Comment pûtes-vous résoudre cette double difficulté?

— Un brave garçon dont j'avais fait la connaissance sous les verroux et qui s'intéressait à moi, me procura l'acte de naissance de son frère, qui venait de mourir au moment où il atteignait sa dix-neuvième année.

— Et cet acte de naissance fut présenté par vous comme le vôtre?

— Oui.

— Ainsi, ce n'est pas sous le nom de Louis-Annibal que vous êtes entré au service?

— C'est sous le pseudonyme de *Pierre Nicou*, que je fus admis à l'honneur de porter le glorieux pantalon garance, et de manger à la gamelle peu ragoûtante de messieurs les soldats du roi.

— La vie de caserne vous séduisit-elle ?

— Peu. — La discipline surtout m'était insupportable, — vingt fois par jour je me sentais des envies féroces de casser les reins à tous ces imbéciles de sous-officiers de mon régiment, qui, parce qu'ils avaient sur la manche un mauvais morceau de galon, croyaient devoir me traiter du haut de leur grandeur.

— Ce sentiment vous honore, mon jeune ami, et prouve que vous avez l'âme noble et le cœur bien placé !

— Cependant je me contenais de mon mieux, à cause de la salle-de-police et des conseils de guerre, et j'aurais peut-être fait mon chemin tout comme un autre dans le 19ᵉ de ligne, sans un incident imprévu qui vint m'arrêter net.

— Voyons un peu l'incident, — je m'attends à quelque chose de bizarre.

— Et vous n'avez pas tout à fait tort ! — — il faut vous dire, monsieur le baron, que, grand et mince comme vous me voyez, l'uniforme m'allait à merveille, — sans fatuité, je n'étais pas mal...

— Je le crois volontiers.

— Nous étions depuis trois mois en garnison à Strasbourg et, quoique simple troupier, je donnais souvent dans l'œil des jolies petites Alsaciennes, séduisantes comme des amours avec leurs jupes courtes, leurs gorgerettes brodées et pailletées, leurs longs cheveux tombant en deux grosses nattes jusque sur leurs talons, et leurs petits bonnets d'une forme si coquette et si originale...

— Cupidon et Mars sont frères!

— On le dit. — Bref, l'amour me dédommageait un peu des ennuis du service, et je n'avais pas trop à me plaindre du sort, quand arriva l'époque de la fête de Kehl.

— La fête de Kehl, dites-vous?

— Oui. — Un joli petit village, situé moitié en France et moitié en Allemagne. — Le pont de Kehl traverse le Rhin, qui sert de frontière à cet endroit, — et sur ce pont se trouvent deux sentinelles, l'une française, à l'extrémité de droite, l'autre allemande, du côté opposé. — La fête de cet endroit est célèbre dans l'Alsace entière, — il y a des danses, — des jeux, — des marchands forains et des saltimbanques, tout comme au rond point des

Champs-Élysées, les jours de réjouissances publiques.—Depuis longtemps, un certain nombre de mes camarades et moi, nous avions formé le projet de ne point manquer une si belle occasion de nous divertir,— aussi, dès le matin, munis de *permissions de dix heures* bien en règle, nous nous mettions en route et, le long du chemin, nous contions fleurette aux paysannes et aux bourgeoises qui s'en allaient à la fête, toutes seules ou avec leurs galants...

— Votre récit commence à la manière d'une idylle, mon jeune ami, — interrompit M. de Maubert, — je ne sais pourquoi, cependant, je prévois qu'il finira comme un mélodrame!

— Vous allez voir, monsieur le baron : — A peine arrivés, nous nous installons sous une tonnelle de verdure, au bord du Rhin, et là, nous nous mettons à chanter des gaudrioles tout en buvant de la bierre mousseuse et en fumant des cigares de contrebande, qui sont excellents et dont on a quatre pour un sou.

A ce détail, le baron se mit à rire.

Annibal reprit :

— Une de mes poches était à moitié pleine de gros sous que j'avais gagnés aux camarades en jouant à la *drogue* et à d'autres amusements militaires et, de temps à autre, je faisais sonner cette monnaie pour me donner quelqu'importance, de telle sorte qu'on me croyait cousu d'or. — Sur ces entrefaites, voici qu'arriva sous la tonnelle un sergent de ma compagnie, fort joli garçon, très aimé du beau sexe, presqu'aussi célèbre que moi par le nombre et l'éclat de ses conquêtes, et surnommé *La clef-des-Cœurs,* à cause de cette particularité. — Ce sergent retroussait sa moustache et donnait le bras à sa maîtresse, une très belle fille, que je connaissais de vue, et qui m'avait témoigné beaucoup de bon vouloir par ses œillades encourageantes, lors de nos rencontres fortuites. — Je profitai de la circonstance pour lorgner de nouveau la jeune personne qui se mit à me sourire du meilleur de son cœur.

— Diable! diable!

— Oui, monsieur le baron, — c'est comme dans l'affaire de Ville-d'Avray voyez-vous, le diable s'en mêlait. — La bierre que j'avais bu, — la fumée de tabac, — les sourires et les œillades de cette femme, tout ça me monta à la tête et je m'approchai de la table où elle s'était assise avec *La clef-des-Cœurs.*

VII

LE SERGENT.

— Au moment où je les abordais, — contina Annibal, — la Clef-des-Cœurs s'apprêtait à payer sa dépense et tirait de sa poche cinq ou six pièces de cinq francs, qu'il fesait reluire au soleil.

« — Fichtre, mon sergent, — lui dis-je, — comme vous voilà riche !!

« — Mais-z-oui, pétit, — me répondit-il avec son accent provençal, (c'était un bordelais), jé suis-z-assez bien en fonds pour lé quart d'hure !

« — Si vous voulez, mon sergent, je vous joue cinq francs en un cent de piquet ?

« — Tu as donc dé l'argent, pétit ?

« — Pas trop mal.

« — Et d'où qu'il té vient, sans indiscrétion ?

« — Dam ! j'ai reçu hier, de mon honorable famille, par l'intermédiaire du vaguemestre Noël Pichard une *haute paie* assez flatteuse !

« Et, tout en parlant je faisais sonner ma monnaie.

« — Ça va, petit, — me dit alors le sergent qui se croyait de première force, — je fais ta partie, cent sous en cent points *sèches*. — Garçon des cartes, et vivement !

« On apporta les cartes demandées, — nous nous mîmes au jeu. — La chance était pour moi, — je gagnai la première partie.

« — Ma revanche ! dit *la Clef-des-Cœurs*.

« — Volontiers, sergent.

« Je gagnai la seconde partie comme la première.

« *La Clef-des-Cœurs* s'entêta et voulut continuer.

« Tous les camarades faisaient cercle autour de nous.

« La maîtresse du sergent me lançait des regards de plus en plus brûlants, à mesure qu'elle voyait les pièces de cinq francs changer de propriétaire.

« En une demi-heure le sous-officier était complètement à sec.

« Il se leva en jurant comme un payen et prit le bras de sa maîtresse pour s'en aller.

« — Minute, — lui dis-je.

« — Qu'est-ce que tu me veux encore?

« — Vous offrir une dernière revanche.

« — Eh! je n'ai plus le sou, grâce à toi

méchant poussé cailloux, et jé né veux pas jouer sur parole.

« — Il vous reste un enjeu, mon sergent..

« — Léquel ?

« — Mamzelle Paméla.

« — Tu dis ?...

« — Jé dis que je vous la joue, si elle y consent, contre tout ce que je vous ai gagné.

« — Et moi je ne demande pas mieux, — s'écria la jolie fille.

« Les camarades se mirent à rire.

« *La Clef-des-Cœurs* devint pâle comme

un homme qui n'aurait plus une goutte de sang dans les veines.

« Il nous lança, à sa maîtresse et à moi, un regard qui nous aurait tué sur place, si un regard pouvait tuer.

« Puis, après une minute de réflexion, il se rassit en disant :

« — *Tonnerré dé dious!* fait comme il est dit ! — peut-être bien qué la chance ellé sé lassera à la fin dé mé véxer !

« Et il reprit les cartes.

« Mais il n'avait plus sa tête à lui, — il jouait à tort et à travers et ne défendait même pas sa partie, — en un demi quart d'heure il avait perdu.

« La belle Paméla vint s'asseoir auprès

de moi, jeta ses bras autour de mon cou et m'embrassa.

« Il paraît que *la Clef-des-Cœurs* aimait éperduement cette créature et que la colère et la jalousie mêlées le rendirent à moitié fou.

« Il saisit sur la table un verre rempli de bierre et me le lança à la tête, en criant :

« — Ah ! lé brigand ! il m'a volé.

« J'évitai le choc en baissant la tête.

« Le verre alla se briser à vingt pas de là, mais la bierre me couvrit la figure.

«Dam ! monsieur le baron, ça me mit hors de moi-même, car après tout j'avais joué sans tricher et gagné loyalement ; — je tirai mon briquet, je me jetai sur le sergent et, malgré les efforts des camarades qui cherchaient à me retenir, je lui enfonçai ma lame dans la poitrine, jusqu'à la garde.

« Alors j'entendis un grand cri et je me vis couvert de sang.

« A mes pieds *la Clef-des-Cœurs* se roulait dans la poussière en se tordant comme un serpent coupé par morceaux.

« Je compris vaguement que je venais de tuer un homme, — un homme qui était mon supérieur en grade ; et comme les camarades qui me voyaient immobile dans un état de complète stupeur, me poussaient par les épaules, en me répétant :

« — Sauve-toi ! — Sauve-toi ! — Je pris ma course et je ne m'arrêtai que quand mes jambes, épuisées de fatigue, se dérobèrent sous moi.

« Je courais depuis bien des heures, au moment où je fus vaincu par la fatigue, car déjà la nuit commençait à descendre. — Je ne savais pas où j'étais, — seulement je voyais au loin, sur ma droite, à travers les vapeurs du soir, le clocher gigantesque de la cathédrale de Strasbourg.

« A ma gauche il y avait un petit bois, — j'y entrai, — je m'assis, ou plutôt je me laissai tomber au pied d'un arbre, et je me mis à réfléchir.

Annibal s'interrompit, — il passa deux fois la main sur son front, et tendit son verre au barron qui le remplit de rhum.

Puis il se fit un instant de silence.

— Ah! la vérité est que votre position n'était rien moins que gaie! mon pauvre ami, — dit enfin M. de Maubert, tandis que son convive savourait à petites gorgées le breuvage de la Jamaïque.

— C'est ce que je me répétais sur tous les tons, — répondit le jeune homme.

— Vous vous êtes trouvé presque toujours, pendant votre jeunesse, sous le coup d'une fatalité bien bizarre et bien acharnée.

— Oui, — répéta Louis Annibal, — bien bizarre, — bien acharnée et surtout bien terrible!

— Certes, votre conduite, en cette dernière circonstance, était juste, naturelle, et nul blâme ne pouvait l'atteindre...

— N'est-ce pas?

— Je dirai plus, elle était la seule digne d'un homme de tête et de cœur. — répondre par un coup de sabre à une horrible insulte, voilà ce que tout gentilhomme aurait fait comme vous...

— Aussi, je ne me repens pas.

— Et vous avez raison ! — le sergent *La Clef-des-Cœurs* avait mérité son sort ; — en le punissant, vous avez fait justice ! — et cependant, voyez un peu sous quel triple point de vue la loi martiale pouvait et devait envisager cette conduite que, moi, je loue...

— La loi martiale, dites-vous ?

— Oui, le conseil de guerre devant lequel vous auriez passé si l'on vous eût arrêté :

« *Primo*, — engagement militaire contracté sous un faux nom et à l'aide de papiers qui ne vous appartenaient point.

« *Secundo*, — meurtre commis sur la personne de votre supérieur.

« *Tertio*, enfin, — désertion avec armes et bagages ! — Tudieu ! la moindre de ces bagatelles entraînait les travaux forcés à perpétuité, et les deux autres, LA MORT ! — Le conseil eût été unanime, mon jeune ami, parfaitement unanime !

— Vous croyez, monsieur le baron ?

— J'en suis sûr ! — très sûr ! — trop sûr !...

Un tremblement convulsif s'empara d'Annibal.

— Mais, vous ne me trahirez point, n'est-ce pas? — balbutia-t-il.

— Vous trahir! — moi! — répondit le baron d'un ton affectueux, — quelle folie dites-vous là? — Non seulement, je ne veux pas vous trahir, mais encore, ma volonté ferme et mon plus vif désir, sont de réparer à votre égard les injustes rigueurs de la fortune!

— Ah! Monsieur, combien vous êtes bon! — s'écria Annibal profondément ému.

— Ce que je fais est tout simple, mon jeune ami, — j'ai toujours aimé à protéger et à soutenir les gens que la fatalité poursuivait. — C'est une sorte de défi jeté au mauvais destin, que je suis fier de combattre et de vaincre; mais nous reviendrons sur tout cela plus tard, — maintenant, je vous en prie, continuez votre récit.

Annibal se recueillit pendant un instant afin de dominer complètement son émotion, puis il reprit :

— La première idée qui se présenta à mon esprit d'une façon distincte, fut que, sans doute, on était à ma poursuite, que l'ordre de procéder à mon arrestation allait être donné sur les grandes routes, et qu'il était impossible que je fisse cinq cents pas le lendemain matin sans être arrêté, grâce à mon uniforme qui me signalait à tous les regards.

« A peine m'étais-je dit cela, qu'il me sembla voir apparaître des gendarmes à chaque point de l'horizon, — je me levai précipitamment et je m'enfonçai dans l'épaisseur du petit bois, malgré les ronces et les broussailles qui déchiraient mes mains et ensanglantaient mon visage.

« J'avais ainsi marché pendant quelque temps, et je me croyais parvenu dans un fourré impénétrable quand, à une très faible distance, j'entendis un murmure de voix.

« En même-temps, j'entrevis à travers le feuillage une lueur très vive.

« Sans m'en douter, j'avais franchi le milieu du bois et je me trouvais à la lisière, du côté opposé à celui par lequel j'étais arrivé.

« Je m'étendis à plat ventre sur la

mousse, et je rampai dans la direction des voix que je venais d'entendre.

« A vingt pas, derrière un arbre, se trouvait une misérable hutte, bâtie avec de la boue et des branchages.

« La porte de cette hutte était ouverte, un grand feu de sarments pétillait dans la cheminée et c'est la lueur de ce feu que j'avais entrevue.

« Un petit garçon, armé d'une longue cuiller de bois, remuait le contenu d'une vaste chaudière suspendue au-dessus de la flamme.

« En dehors de la maison et tout auprès de moi, une femme âgée s'occupait à rassembler du linge, qui achevait de se sécher sur une ficelle attachée à deux arbustes.

« Et, sans interrompre son labeur, la vieille femme recommandait à l'enfant de ne point laisser brûler la soupe de son père, tandis que le marmot jurait ses grands dieux de surveiller religieusement et sans distraction, la savoureuse soupe aux choux. »

VIII

TRISTE MÉTIER!

— Parmi les vêtements troués et le linge grossier que la vieille femme allait serrer dans sa demeure, — continua Annibal, — se trouvaient un sarreau bleu, un pantalon de toile à sac et plusieurs bonnets de coton, comme les paysans en portent pour aller aux champs.

« Ces objets, de si peu de valeur, devinrent immédiatement le but de ma plus ardente convoitise, car s'il m'était possible de me les procurer, je me regardais comme à moitié hors de péril !

« Mais comment faire pour en obtenir la possession ?

« Les acheter ? — il n'y fallait point songer, — c'eût été pour ainsi dire me dénoncer moi-même, et révéler à tout le pays le déguisement du déserteur.

« Les dérober ? — oui, — mais par quel moyen ?

« La vieille achevait sa besogne et elle allait les emporter avec le reste.

« Mon âme tout entière avait passé dans mes yeux. — Mon cœur battait violemment, je restais immobile, la poitrine palpitante et le regard fixé sur cette défroque villageoise qui ne valait pas trois francs, et que j'aurais payée d'une fortune, si cette fortune eût été en mon pouvoir.

« Tout-à-coup, bonheur inespéré! Dieu ou le Diable eurent pitié de moi, — le hasard ou la Providence vinrent à mon aide!

« Le jeune garçon qui s'était emparé d'une poignée de sarments, les jeta dans l'âtre pour aviver le feu.

« Il y réussit si bien que, grâce à cet accroissement subit de flamme et de chaleur, la soupe aux choux en ébullition déborda de la chaudière et se répandit dans le foyer avec force bruit et force fumée.

« L'enfant fondit en larmes et jeta les hauts cris.

« La vieille femme, abandonnant son linge, courut à la cheminée afin d'obvier au désastre.

« Je saisis cet instant, si court et si propice.

« Je m'élançai de ma cachette, je fis main-basse sur la blouse, sur le pantalon et sur un des bonnets de coton ; puis, certain de n'avoir pas été vu, je regagnai le bois avec ma proie, et je me tapis de nouveau sous le feuillage.

« Au bout d'une minute la vieille revint, elle chercha de tous côtés les objets que je venais de soustraire, et, ne les trouvant point, elle se mit à crier d'une voix glapissante :

« — Au voleur ! — au voleur !

« Je ne donnai pas signe de vie, comme bien vous pensez, et la digne femme, interrompant enfin ses clameurs, se consola de son mieux en fouettant le petit garçon qui cependant n'en pouvait mais !

— Ainsi va le monde ! — interrompit philosophiquement le baron, — lorsqu'il y a dans une affaire un coupable et un innocent c'est presque toujours l'innocent qu'on punit !

— Quand la nuit fut tout-à-fait venue, — continua Annibal, — je regagnai l'intérieur du petit bois, je changeai de vêtements, et, faisant de mon uniforme un paquet que je portai sous mon bras, je me remis en marche.

« Quelques heures de repos m'avaient rendu des forces; seulement, je mourais de faim, et surtout de soif. — Il pouvait être dix heures du soir.

« J'allais à travers champs, sans direction positive et ne cherchant qu'à m'éloigner le plus possible de Strasbourg.

« Je ne tardai point à être arrêté par un infranchissable obstacle. — Le Rhin me barrait le passage et je ne savais pas nager.

« Je descendis la berge, je baignai dans l'eau du fleuve mon visage et mes mains, je bus abondamment; puis j'étalai sur la rive mon habit d'uniforme et mon pantalon rouge, de manière à ce que ceux qui trouveraient ces dépouilles, le lendemain, dussent croire à un suicide.

— Bravo! — s'écria M. de Maubert, — cette invention, mon jeune ami, vous fait infiniment d'honneur! — Le bruit de votre mort s'est répandu sans doute, et cela n'a pas peu contribué, peut-être, à ralentir les recherches.

— Je le pense, Monsieur le baron, toujours est-il que rien ne m'empêcha de quitter librement l'Alsace et de me diriger du côté de Paris.

« Je ne m'appesantirai point sur les détails de mon voyage qui fut long, car je marchais lentement en affectant l'allure paresseuse et insouciante d'un paysan qui revient du village voisin, et je faisais des détours énormes afin d'éviter les villes où mon signalement pouvait avoir été donné.

« Quand par hasard je rencontrais un gendarme je le saluais poliment, et, plus d'une fois, il m'arriva d'engager la conversation avec quelqu'un de ces braves soutiens de l'ordre public.

« L'argent gagné par moi au pauvre *La Clef-des-Cœurs* suffisait pour me faire vivre, — de pain et d'eau bien entendu, mais je ne me décourageais point et je rêvais des jours meilleurs......

— Ah! mon jeune ami! — s'écria M. de Maubert, — je ne saurais vous dire combien cette fermeté de caractère m'enchante et rehausse encore l'excellente opinion que j'avais déjà de vous! — Mais comment se fait-il, je vous prie, qu'avec un esprit si vigoureux et si bien trempé, vous en soyez venu à concevoir la fatale résolution, que, sans moi, vous auriez exécutée ce soir même?

— Dans un instant vous le saurez, Monsieur le baron.

— C'est juste, — je me tais et j'écoute.

— Quand j'atteignis la barrière de Charenton, mes souliers ne tenaient littéralement plus à mes pieds; — ma blouse, que je lavais de temps en temps dans l'eau des rivières pendant mon voyage, s'effrangeait lamentablement, et j'avais dans ma poche, pour toute fortune, une pièce de trente sous.

« Cependant il fallait manger; mais

comment gagner sa vie à Paris quand on n'a point de papiers, point de recommandations, et que, pour une foule d'excellentes raisons, on doit chercher à se tenir dans l'ombre?

« *Nécessité n'a pas de lois,* Monsieur le baron, c'est un proverbe tristement vrai ; aussi, malgré ma répugnance, je me mis à exercer tous ces métiers honteux qui ne sont pas des métiers !...

« Je vendis des contremarques.

« J'ouvris les portières de fiacres.

« Je jetai des planches sur les ruisseaux par les temps d'orage.

« Et tout cela, je vous le jure, me faisait trouver bien amer mon pain de chaque jour !

— Pauvre garçon ! — fit le baron.

— Enfin, il le fallait ! — poursuivit Annibal ; — mais je vous ai déjà dit que, quoiqu'enfant trouvé, je me crois gentilhomme, et je sentais mon sang se révolter dans mes veines, chaque fois que je tendais la main pour y recevoir le gros sou, qui, je ne me le dissimulais point, n'était en réalité qu'une aumône.

« Un soir, — il y a six mois de cela, — je stationnais par une pluie battante, sur le boulevart Saint-Martin, près du pérystile de l'Ambigu.

« Je me rendais utile en mettant mon bras entre les roues boueuses des fiacres et les robes de soie des jolies femmes qui descendaient de voiture, attirées en foule par la représentation de je ne sais quel mélodrame à succès.

« J'avais déjà récolté près de quarante sous et je me promettais bien de ne pas m'arrêter en si beau chemin, quand je me sentis saisir à la cravate par derrière et enlever si violemment que j'en perdis la respiration.

« Je me crus d'abord arrêté par la police et je n'essayai pas de me défendre.

« Mais bientôt je compris que j'étais dans l'erreur, car celui qui m'avait soulevé me remit sur mes jambes et lâcha ma cravate.

« Je pus me retourner alors et regarder mon adversaire.

« C'était un grand gaillard, haut de près de six pieds, vêtu comme moi d'une blouse et orné de longs cheveux et d'une véritable barbe de sapeur ou de tambour-major.

« Il mit son poing serré à deux pouces de ma figure et me dit d'une voix effroyablement enrouée par l'usage du rogomme et l'habitude des disputes :

« — C'est donc toi, *propre à rien*, qui viens nous couper l'herbe comme ça sous la patte, et *faire ton beurre* aux dépens des bons *zigs!*

« — Qu'est-ce que vous me voulez? — demandai-je à ce géant.

« — Je veux que tu files d'ici!

« — Et pourquoi?

« — Parce que ça me convient.

« — Le boulevart est à moi comme à vous, je pense; — ainsi, laissez-moi tranquille!

« — Je te dis, méchant *môme*, que tu vas *décaniller*, et lestement, sinon...

« — Sinon?

« — Sinon je te casse en quatre sur mon genou, et je me fabrique une gibelotte avec tes morceaux!

« Je n'avais pas peur du géant, quoiqu'il fut trois ou quatre fois plus vigoureux que moi, mais il me semblait voir des sergents de ville rôder aux alentours, et je voulais à tout prix éviter une dispute car si, à tort ou à raison, on me conduisait au poste, je ne savais pas trop comment je ferais pour en sortir.

« Je dévorai donc mon humiliation et ma colère, et je répondis simplement :

« — C'est bon ! on s'en va !

« — Ah ! le *faignant !* — s'écria mon adversaire, — Voyez-vous comme il *canne !*

« Je fis quelques pas pour m'éloigner.

« Derrière moi j'entendis des éclats de rire, et les malfaisants gamins de Paris se mirent à répéter sur tous les tons :

« — Ohé ! le capon ! — Ohé ! le *niquedouille !* — A la chie-en-lit ! à la chie-en-lit !

« Ces huées m'exaspérèrent complètement.

« Je n'y tins plus. — J'oubliai combien pouvaient être terribles pour moi les conséquences d'une dispute et d'une arrestation.

« je revins sur mes pas et je me précipitai à l'encontre de mon adversaire.

« Lui, sans s'émouvoir, raidit son bras tendu, et m'atteignant en pleine poitrine m'envoya rouler à dix pas de là, dans la boue.

« — Il a son compte ! — dit une voix.

« — Pas encore ! — m'écriai-je en me relevant tout étourdi et en revenant à la charge.

« — Tiens ! mais il est rageur, le roquet ! — fit le géant en ricanant. — Eh bien ! il aura encore du *nan-nan*, puisqu'il en veut !

« Et, tout en parlant, il leva sur moi son bras colossal pour me défoncer le crâne d'un gigantesque coup de poing.

« Mais son poing ne retomba pas.

« Pendant notre courte lutte j'avais changé de position et je me trouvais alors sous un réverbère dont la lueur éclairait en plein mon visage.

« Le géant s'arrêta net, — me considéra curieusement et l'exclamation :

« —Ah ! bah ! — s'échappa de sa gorge.

« J'avais suspendu mon attaque, car la chute terrible que je venais de faire m'avait brisé le corps et je sentais mes jambes tremblantes se dérober sous moi.

« — Ah! bah! — répéta le géant, — c'est ça qui serait drôle!

« Il m'examina de nouveau avec une attention profonde et reprit:

— Mais, oui, c'est lui! c'est bien lui! — Tu l'es, n'est-ce pas?

« — Qui donc? — balbutiai-je.

« — Le petit de Ville-d'Avray?...

« — Oui, — répondis-je.

« — Ah! sacrebleu! — s'écria mon adversaire, — et j'allais le démolir! — nom d'un nom! c'est n'avoir pas de chance! — Reconnais-moi donc, mon pauvre vieux,

je suis Jean-Paul, Jean-Paul en personne!
— Mais viens par ici un peu, nous allons *jaspiner**.

« Le géant me prit alors par le bras et m'entraîna rapidement en disant aux spectateurs de la scène que je viens de vous raconter :

« — C'est un ami! — Souvenez-vous de ça les autres, et n'oubliez pas que le premier qui le vexe, je le casse sur mon genou et j'en fais un civet de lièvre!

* Causer.

IX

JEAN-PAUL.

— Ma foi, mon jeune ami, — dit M. de Maubert, — ce Jean-Paul, l'un de vos camarades de Ville-d'Avray sans doute, me paraît un fort mauvais drôle, du moins à le juger par son langage et par ses manières !

— Le pauvre garçon a mal tourné, —

répondit Annibal, — du reste il n'était pas méchant.

— Cependant, son agression brutale et sans motifs...

— Il ignorait que ce fut moi.

— C'est juste.

— Je poursuis : — Jean-Paul m'entraîna donc avec lui le long du boulevart, du côté des petits théâtres.

« Il marchait très vite, — moi je me traînais avec peine, car tous mes membres étaient endoloris, et, si mon compagnon ne m'avait soutenu de son bras de fer, je serais tombé dix fois pour une.

« Nous nous engageâmes ensemble dans la rue des Fossés-du-Temple que nous parcourûmes dans les deux tiers de sa longueur à peu près.

« Jean-Paul s'arrêta devant une petite maison du genre de celles qu'on nomme vulgairement : *maisons borgnes.*

« Il poussa une porte qui céda sous sa pression, et il entra le premier dans une allée complètement obscure, en me disant :

« — Vas-y de confiance et toujours tout droit. — Je t'avertirai quand nous serons à l'escalier.

« — Nous y voici, — ajouta-t-il au bout d'une seconde, — Prends la corde et tâche de ne pas te laisser choir.

« Après avoir gravi à tâtons un certain

nombre de marches aussi raides que celles d'une échelle de meunier, j'entendis Jean-Paul introduire une clé dans une serrure, j'entendis une porte crier en tournant sur ses gonds, mon compagnon me prit par la main pour m'introduire dans la chambre qu'il venait d'ouvrir, puis il battit le briquet et alluma une chandelle.

« La pièce dans laquelle nous nous trouvions était si basse que c'est à peine si l'on pouvait s'y tenir debout.

« Il y avait dans un coin deux maigres matelas jetés sur un bois de lit en sapin.

« Une table et deux chaises complétaient l'ameublement qui valait bien dix francs.

« — Assieds-toi, — me dit Jean-Paul en

avançant une des chaises sur laquelle je me laissai tomber.

« Ensuite, il ouvrit un placard, y prit une bouteille et deux verres, qu'il remplit jusqu'aux bords, et ajouta en s'asseyant en face de moi :

« — Avales, mon garçon, avales! — L'eau-de-vie, vois-tu, c'est un baume souverain. — Ça guérit tous les maux.

« Ah çà! — demandai-je, après avoir bu, — fais-moi donc le plaisir de m'expliquer pourquoi tu voulais m'assommer tout-à-l'heure?

« — C'est simple et naturel, — me répondit-il, — je fais la police du boulevard.....

« — La police!!

« — Oui, — pour les amis, s'entend. — Nous sommes un certain nombre de bons enfants qui exploitons *la contremarque* et le *marche-pied,* et j'empêche les intrus de venir nous tondre la laine sur le dos..... mais pour ce qui est de toi, je regrette la chose, j'ai tapé trop légèrement...

« — Trop légèrement !!! — m'écriais-je, — Diable! je ne trouve pas !!

« — Farceur! — reprit Jean-Paul, avec un gros rire, — tu me comprends bien, — je veux dire que j'aurais dû mieux dévisager ta frimousse avant de cogner.

« — C'est mon avis.

« — Enfin, n'en parlons plus, car, après tout, je ne t'ai pas fait grand mal,

— une simple chiquenaude, à peine de quoi tuer une puce.

« — Merci !

« — Il n'y a pas de quoi ! mais suffit ! nous sommes ensemble pour *jaspiner*, *jaspinons !* — Qu'est-ce que tu fais à Paris?

« — Ce que je faisais ce soir quand tu m'as rencontré.

« — Et c'est tout ?

« — Oui.

« — Alors, tu couves la misère ?

« — Oui.

« — Imbécile ! !

« — Comment, imbécile??

« — Oui, double sot, triple animal!!

« — Mais il me semble que toi-même...

« — Oh! moi, c'est bien différent, je mange à plus d'un râtelier.

« — Que veux-tu dire?

« — Je veux dire que si j'ouvre des fiacres pour un sou, ce n'est pas que l'argent me manque et en voici la preuve...

« Jean-Paul prit dans le placard deux ou trois piles de pièces de cinq francs et me les montra, puis il se rassit en ajoutant :

« — Je veux dire que si je flâne sur le trottoir, en blouse et en simple casquette, ce n'est pas faute de *frusques,* car je possède le fin *montant* de casimir, la *carmagnole* de velours, le chapeau *rupin*, et, quand ça me convient, je suis aussi cossu qu'un milord anglais, et mieux couvert qu'un agent de change !

« — Tu as donc un autre état ?

« — Parbleu !

« — Et lequel ?

« — Ah ! voilà...

« — Ne peux-tu me le dire ?

« — Si vraiment, tu es un ancien *camaros*, je compte sur toi et je veux te mettre de moitié dans mon industrie et dans mes *bénefs*.

« — Ainsi tu me feras gagner de l'argent ?

« — Gros comme toi! — Toutes les délices de la vie!!

« — Parles donc, mon cher, parles vite!

« — M'y voilà. — D'abord, il faut que tu saches que je pratique la contremarque entre huit et onze heures du soir, parce qu'il est utile de pouvoir justifier dans l'occasion de ses moyens d'existence, quand M. le procureur du roi a l'indiscrétion de s'occuper de vos petites affaires... ce qui arrive... quelques fois, — mais la vérité est que je possède une autre spécialité, — je fais le commerce...

« — Le commerce... de quoi?

« — De toutes sortes de marchandises que j'achète à très bon marché et que je vends fort cher.

« — A très bon marché, dis-tu ?

« — Oui.

« — Cependant, ces marchandises te coûtent... quelque chose...

« — La peine de les prendre.

« — Tu voles ! ! !

« — Positivement.

« Cette confidence me bouleversa, mais je me sentais au pouvoir de Jean-Paul qui pouvait abuser de la solitude et de mon état de faiblesse pour me faire un mauvais parti, je dissimulai donc ma surprise et ma terreur.

« Mon ancien camarade continua :

« — Nous sommes nombreux, nous

sommes habiles, et nous prenons si bien toutes nos précautions qu'il est excessivement rare qu'on nous flanque le grappin dessus, et que plusieurs de la bande, moi entre autres, restons blancs comme neige aux yeux de madame la police. — Tu nous seras prodigieusement utile, je vois ça d'ici,—tu es beau garçon, et, quand tu auras fait un bout de toilette, on te prendra pour un grand seigneur, ce qui est fameux pour monter des coups conséquents. — Presque point de besogne et de gros profits, voilà l'existence de Sardanapale qui t'est réservée. — Ça te va-t-il ?

« — Ça me va, — répondis-je.

« — Alors, touche là, — c'est une affaire conclue. — Nous en parlerons plus longuement demain matin, — ce soir je te laisse, — couche-toi dans mon lit, tu dois en avoir bon besoin, — moi, je sors, on m'attend pour une *opération* intéressante. — J'emporte la clef, — si l'on venait frapper avant mon retour, tu n'ouvrirais pas.

« — C'est convenu.

« — Bonne nuit et à demain !

« — A demain.

« Jean-Paul quitta la chambre, je restai seul et je me jetai sur le grabat, en me promettant bien de quitter cette maison dès le point du jour et de n'y jamais revenir.

« Mais j'avais compté sans le sommeil lourd et profond qui s'empara de moi presqu'à l'instant, et ne s'interrompit que lorsqu'une sensation imprévue vint me réveiller en sursaut.

« Les rayons du soleil inondaient la

chambre de leur joyeuse clarté à travers les vitres poudreuses et Jean-Paul, debout auprès du lit, venait de me toucher l'épaule.

« — Eh bien ! — me demanda-t-il, — comment vas-tu ce matin ?

« — Beaucoup mieux.

« — Quelle chance ! allons, lèves-toi vite.

« J'étais tout habillé, en une seconde je fus sur pied.

« Je m'aperçus alors qu'il y avait sur la table deux objets nouveaux, — un paquet assez volumineux et un mouchoir noué par les quatre coins.

« — C'est ma *part de prise*, — dit Jean-

Paul en remarquant la direction de mes regards.

« Il défit les nœuds du mouchoir, lequel était rempli d'écus, et il ajouta :

« — Prends ces soixante francs, petit...

« — Non ! — m'écriai-je.

« — Ne vas-tu pas faire la bégueule ! — c'est une avance, voilà tout, prends, te dis-je, — je le veux et il le faut, ainsi pas de réplique ! — Tu vas aller au Temple, tu y feras l'acquisition d'une *pelure* soignée, habit, veste et culotte dans le dernier genre, — tu endosseras cette défroque qui t'ira comme un gant, tu feras de ta journée tout ce qui te conviendra, et ce soir nous nous retrouverons. — Connais-tu le cabaret de l'*Épi-scié*, sur le *boulevart du Crime*, à côté de l'hôtel Foulon ?

« — Je le connais.

« — Fort bien. — Je t'y attendrai à onze heures précises. — D'ici là je t'aurai trouvé de l'ouvrage. — Maintenant, files, et va te faire beau... — Ah! j'oubliais, devant le monde tu m'appelleras *Carillon*, c'est mon nom d'agrément.

« Jean-Paul me poussa dehors et ferma la porte derrière moi.

« Il m'avait mis, bon gré malgré, les soixante francs dans la main, et je ne les avais accepté que pour éviter une discussion, en me proposant de les lui renvoyer par le premier commissionnaire que je rencontrerais, mais, une fois dehors, et lorsque je jetai les yeux sur mon ignoble blouse et sur mes chaussures sans semelles, l'idée de posséder enfin une toilette presqu'élégante me séduisit et me fascina à tel point que je n'eus pas le courage de résister à cette tentation, et que je m'acheminai machinalement vers le Temple.

« — D'ailleurs, — me disais-je à moi-même, pour me mettre en paix avec ma conscience qui me reprochait de m'associer à un vol en profitant d'un argent volé, — un costume décent me procurera sans doute les moyens de gagner ma vie d'une façon honorable ; j'économiserai, je rendrai le plus tôt possible à Jean-Paul les soixante francs qu'il me prête, et je n'aurai en définitive, pas la moindre chose à me reprocher. — Peut-être, monsieur le baron, trouvez-vous que j'avais tort de raisonner ainsi ?

— Non, mon jeune ami, — répondit

M. de Maubert, — vous aviez raison, complètement raison, et je ne saurais que vous approuver.

Annibal continua :

— J'arrivai au Temple, je marchandai plusieurs habillements complets, mais le prix de presque tous, me parut exhorbitant et comme je le dis sans façon, cette franchise m'attira force injures de la part des boutiquiers exaspérés.

« Mais enfin, sur la *place de la Rotonde*, je fis la découverte d'un fripier plus consciencieux ou plus pressé de vendre, qui, moyennant la somme de cinquante francs, me fournit une redingotte verte dite *polonaise*, ornée de passementeries et de brandebourgs, — un pantalon gris, — un gilet, — un chapeau, — une cravate, —

une chemise, — une paire de bas et des souliers.

« Tout cela n'était ni bien neuf, ni bien solide, je n'ai pas besoin de vous le dire, mais je me laissai subjuguer par la fallacieuse apparence de ces divers ajustements, et je gagnai en toute hâte les boulevards, afin de faire admirer aux passants ma splendeur de fraîche date et surtout, afin de contempler, tout à mon aise, mon image reflétée dans la devanture des boutiques.

« Je me trouvais mieux mis qu'un fils de pair de France et j'avais l'intime conviction que les hommes me suivaient d'un œil jaloux, et les femmes d'un regard amoureux et charmé.

« Il me restait douze francs, y compris

les quarante sous gagnés la veille au soir devant l'Ambigu.

« J'entrai dans un restaurant d'ordre modeste, et j'y déjeûnai, — puis je repris fièrement ma promenade triomphale.

X

ROUGE ET NOIRE.

— Je consacrai la journée entière, jusqu'à l'heure du dîner, à cette exhibition de moi-même, — continua Annibal, — puis j'entrai dans un restaurant à dix-huit sous de la rue de l'Arbre-Sec, car bien résolu à ne pas accepter l'association que m'avait proposée Jean-Paul je voulais ménager le plus possible mes finances.

« J'achetai cependant un cigarre en sortant de table, et, ne sachant que faire de mon temps et de ma personne, j'allai me promener dans les galeries du Palais-Royal.

« Déjà je venais de les parcourir à deux reprises et dans tous les sens, quand, après avoir peu à peu ralenti le pas, je m'arrêtai machinalement.

« J'étais en face de cette petite porte au-dessus de laquelle le *numéro 113* se détache en caractères d'un rouge ardent, sur un transparent lumineux.

« Je n'avais jamais joué, et je me souvenais tout-à-coup de cette croyance populaire qui prétend qu'on est sûr de gagner quand on joue pour la première fois.

« Je ne suis ni superstitieux ni crédule, et je n'ajoutais pas la moindre foi à l'adage erroné qui me revenait en mémoire...

« Et cependant, je ne sais quelle voix intérieure, je ne sais quel instinct divinatoire, me criait d'essayer.

« Tenté vivement, mais encore indécis, je restais debout sur le seuil, ne sachant si je devais avancer ou reculer, quand je fus heurté par trois ou quatre jeunes gens qui sortaient de la maison de jeu.

« Leurs figures rayonnantes exprimaient la joie du triomphe, ils secouaient en marchant les écus dont leurs poches étaient pleines, et l'un d'eux, dans un accès de facile générosité, jeta une pièce d'or à un pauvre diable qui le regardait d'un œil d'envie.

« Cet aspect me décida. — Je montai.

« Dans l'antichambre on me prit mon chapeau, ce qui me surprit fort.

« J'entrai dans la première salle.

« A peine avais-je affronté cette atmosphère brûlante, à peine avais-je eu le temps de regarder les visages des joueurs, visages joyeux ou désespérés, que je me sentis pris d'une sorte de fièvre ou plutôt de vertige.

« La salle, humble et quasi nue, me parut un palais, et je vis s'entr'ouvrir devant moi les perspectives de l'Eldorado.

« Un vieux monsieur, vêtu de noir, dont la mise décente attestait cependant la misère, s'approcha de moi, de l'air le plus soumis, et me demanda avec un sourire obséquieux :

« — Monsieur se propose de jouer, sans doute ?

« — Oui, — répondis-je.

« Mon interlocuteur tenait de la main droite une longue épingle, et de la main gauche une carte percée d'une infinité de petits trous.

« Il consulta cette carte et ajouta :

« — Monsieur me permettra de lui faire observer que *la noire* a passé six fois.

« Je ne compris pas ce que le vieux

monsieur voulait me dire, et je ne lui en demandai point l'explication.

« Je jetai une pièce de quarante sous au hasard, — elle tomba sur *la rouge.*

« *La rouge* sortit.

« Je ne m'aperçus point que j'avais gagné, et je fis *paroli* sans le savoir.

« *La rouge* sortit de nouveau et comme personne ne me disait de prendre mon argent je me figurai que j'avais perdu et je continuai machinalement à regarder le jeu, sans me rendre compte de sa marche, et surtout sans croire que je fusse intéressé d'une façon directe à ce qui se faisait devant moi.

« Aussi je m'étonnais fort d'entendre à

chaque nouveau coup, une sorte de frémissement circuler dans la galerie, et de voir tous les yeux se fixer sur moi.

« Enfin, le vieux monsieur me poussa vivement le coude en disant :

« — Mais, Monsieur, vous voulez donc absolument reperdre ?

« — Reperdre quoi ? — demandai-je.

« — Ne voyez-vous pas que la rouge a passé onze fois ?

« — Eh bien ?

« — Eh bien, vous gagnez *quatre mille quatre-vingt-quatorze francs*, puisqu'il y en a au jeu *quatre mille quatre-vingt-seize*, et que votre première mise était de *deux francs*. — Au nom du ciel, arrêtez-vous !

« — Comment tout cela est à moi ? — m'écriai-je.

« — Mais sans doute !

« Je me hâtai de m'emparer de mon énorme gain.

« Il était temps.

« Le coup d'après, *la noire* sortit.

« Au moment où j'allais quitter le salon, le vieux *ponte*, en habit noir, m'aborda de nouveau, et me dit :

« — Si Monsieur a été content de mes petits avis, j'espère que Monsieur ne m'oubliera pas ?...

« Je lui jetai toute ma monnaie et je

m'enfuis avec les quatre billets de banque.

« J'étais hors de moi-même,— j'étais ivre, — j'étais fou !

« A peine pouvais-je croire à la réalité du fabuleux bonheur qui venait de me tomber du ciel, et, pour me convaincre qu'un songe ne m'abusait point, j'entrai chez un changeur et je métamorphosai en or le papier de la banque de France.

« Alors seulement, et en sentant le précieux métal frémir sous mes doigts palpitants, j'acquis une certitude palpable, je me crus riche, je me crus millionnaire, — il me sembla que cet argent serait inépuisable, et d'ailleurs, je n'aurais qu'à retourner au *numéro* 115 pour en gagner autant et plus !

« Ma première pensée en ce moment, je dois le dire, et l'une de celles qui me rendirent le plus heureux, fut que j'allais pouvoir m'acquitter à l'instant même envers Jean-Paul, en lui rendant les soixante francs qu'il m'avait prêtés le matin; mais il était à peine dix heures, et je n'avais rendez-vous avec lui qu'à onze heures.

« Je commençai donc par aller rue de Richelieu, et je louai, dans l'un des beaux hôtels garnis qui avoisinent la place Louvois, un petit logement de cent louis par an, dont je payai le premier mois d'avance.

« Ensuite, je pris une voiture de remise et me fis conduire au boulevard du Temple, en face du cabaret de l'*Epi-Scié*.

« Là, je mis pied à terre, et j'entrai

dans ce bouge horrible dont, sans doute, monsieur le baron, vous ne vous faites aucune idée...

— Pardonnez-moi, mon jeune ami, — interrompit M. de Maubert, — il n'est rien dans Paris que je n'aie voulu connaître par moi-même. — Cette curiosité est dans mes mœurs, — j'aime tout voir et tout savoir. — L'estaminet dont il s'agit ne pouvait échapper à mes investigations, — je l'ai visité deux fois avec dégoût, mais sans surprise.

— Dans ce cas, — reprit Annibal, — il est inutile de vous le décrire...

— Tout-à-fait inutile.

« — A travers un nuage de fumée, j'aperçus Jean-Paul, — il buvait de l'eau-de-vie avec deux autres individus.

« — Mazette ! — s'écria-t-il en me voyant, comme te voilà flambart ! on dirait d'un hospodar de Valachie, ou d'un marchand de vulnéraire Suisse ! rien que ça de genre ! parole d'honneur, tu m'éblouis !

« Jean-Paul avait le nez rouge, le geste incertain, les yeux plus petits et plus brillants qu'à l'ordinaire.

« Évidemment il était, sinon ivre, du moins un peu gris.

« Je me souvins de la recommandation qu'il m'avait faite le matin même à propos de son nom de guerre, et je lui dis :

« — J'ai à te parler, *Carillon.*

« — Eh bien, parle, — répondit-il, — je t'écoute, petit.

« — Il s'agit de choses confidentielles, et ces messieurs...

« — Ces Messieurs sont des amis !

« — N'importe, — ce que j'ai à te dire ne regarde que toi, et je ne le dirai qu'à toi.

« — Ah ! *misère humaine !* que de mystères ! — Enfin suffit, on y va !

« Jean-Paul se leva et transporta son verre à une autre table.

« — C'est bête comme tout, ce que tu fais là ! — s'écria-t-il quand je l'eus rejoint, — à quoi bon se cacher des amis, lorsqu'on doit *travailler* ensemble ?

« — Voilà justement ce qui te trompe,

— je ne *travaillerai* ni avec eux, ni avec toi...

« — Allons donc !

« — C'est comme ça.

« — Ainsi tu te dédis ?

« — Oui.

« — C'est positif et définitif ?

« — Tout ce qu'il y a au monde de plus positif et de plus définitif !

« — Sacrebleu ! — fit alors Jean-Paul en donnant un coup de poing sur la table, — c'est pas gentil, mon garçon, et tu n'es qu'un méchant filou ?...

« — Un filou ! — m'écriai-je en bondissant, — pourquoi me dis-tu cela, Jean-Paul?

« — Parce que ça est!

« — Comment, ça est?...

« — Oui. — Ce matin tu promettais tout ce que je voulais, parce que tu avais besoin de moi pour te *renipper*, — et maintenant que tu as dépensé mon argent à t'introduire dans des Elbœufs à brandebourgs, tu me brûles la politesse! — Je le répète, tu m'as friponné, et friponner les amis, c'est dégoûtant!

« — Mais écoute-moi donc, imbécile, et tu verras que tu te plains à tort!

« — A tort! par exemple!

« — Eh oui, puisque je ne suis ici, ce soir, que pour te le rapporter, ton argent...

« — Bah !

« — Et la preuve, c'est que le voici.

« Je pris dans ma poche une poignée d'or, et je présentai trois napoléons à Jean-Paul.

« — Plus que ça de monnaie ! — dit-il en voyant mes mains pleines de louis.

« — J'en ai bien d'autres ! — répondis-je.

« — Ah ! farceur ! — et moi qui te croyais nigaud ! — Il paraît que tu as trouvé à *travailler* tout seul.

« — Pas dans le sens que tu donnes à ce mot.

« — Ainsi cet argent-là n'est pas volé ?

« — Non.

« — T'as donc des rentes ?

« — Aucune.

« — T'as fait un héritage, alors ?

« — Pas davantage.

« — Je donne ma langue aux chiens, — explique-moi la chose.

« — J'ai joué et j'ai gagné, voilà tout.

« — Tu avais des fonds pour jouer, à ce qu'il paraît.

« — Quarante sous m'ont rapporté quatre mille francs.

« — Mazette ! quelle chance ! — Tu vas manger ça et vivre comme un seigneur ?

« — Mais oui.

« — Et après ?

« — Comment, après ?

« — Quand il ne restera plus rien du petit *saint frusquin ?*

« — J'en gagnerai d'autre.

« — Pas sûr !

« — Je crois le contraire.

« — Enfin, tant mieux pour toi !

« — Merci.

« — Dans tous les cas, si la chance tourne, et si tu retombes dans la panne, souviens-toi des amis. — Ce que je t'ai proposé tient toujours, et, quand tu le voudras, je t'associerai à mon commerce, — vois-tu, ça, c'est encore plus sûr que les cartes.

« — Je te sais gré de tes offres, mais je ne suppose pas que j'en profite.

« — A ton aise!

Jean-Paul me donna une poignée de main, et je quittai le cabaret pour aller prendre possession de mon nouveau logement.

XI

LES TENDRESSES DU BARON.

Annibal s'arrêta et regarda la pendule placée sur un socle de marbre noir ciselé, dans le panneau qui lui faisait face.

Elle indiquait minuit moins un quart.

— Mon Dieu! monsieur le baron, — dit le jeune homme, — voilà près d'une heure et demie que je parle, combien vous devez être fatigué et ennuyé de ce long récit!...— j'espère cependant que vous vous souviendrez que je n'ai fait qu'obéir à vos ordres en vous racontant ma vie...

— Je crois, — répondit M. de Maubert avec un sourire,—je crois que vous agissez en ce moment comme certains littérateurs qui semblent faire peu de cas de leurs ouvrages, afin de s'attirer des compliments. Eh bien! mon jeune ami, vous les aurez, vos compliments, et qui plus est vous les aurez très sincères car je vous écoute avec un intérêt croissant, vos paroles me font l'effet d'un roman plein de naturel et d'imprévu, chose rare par le temps qui court, et je voudrais que vous eussiez à raconter pour tout le reste de la nuit.

— Vous êtes mille fois trop bon, monsieur le baron, — mais, j'ai presque fini.

— Tant pis!

— Permettez-moi de dire : *tant mieux!*
— je reprends et j'achève : — Pendant six semaines à peu près, je menai, de tout point, l'existence d'un homme riche ; — j'avais monté ma garde-robe et pris une voiture au mois, — je fréquentais les théâtres, — je dînais chez Véfour, — je me faisais le sultan du harem des *Galeries de Bois;* bref, je ne me refusais rien...

— Et vous aviez raison, — jouir, voilà le but de la vie, le seul du moins que je comprenne et que j'approuve.

— Oui, sans doute, mais à ce train-là, mes quatre mille francs s'écornaient et s'amoindrissaient avec une effrayante rapidité.

« Quand il ne me resta plus que 25

louis, je me dis qu'il était temps de remplir à nouveau ma bourse, et je retournai au *numéro* 115.

« Mais j'avais perdu ma virginité de joueur et mon étoile ne brillait plus au ciel.

« Après des intermittences, qui firent de ma soirée une véritable agonie, je sortis du tripot parfaitement à sec.

« Le lendemain, je congédiai ma voiture, je vendis ma montre, une partie de ma garde-robe, et retournai jouer.

« Je perdis encore.

« Un espoir insensé continuait à me soutenir, — je vendis le reste de mes effets, réservant seulement ceux que j'avais sur le dos; — je quittai l'hôtel élégant que j'habitais, je m'installai dans une horrible maison garnie de la rue de Chartres, et je retournai au 115.

« Je perdis toujours.

« J'allai au Temple, — suprême ressource ! — là, en échange des vêtements neufs que je portais, un fripier me donna vingt francs, et de plus l'ignoble défroque qui me couvre en ce moment.

« Il y a de cela huit jours.

« Je courus au jeu.

« Avec mes vingt francs, je gagnai dix louis.

« Pendant cette semaine je me soutins, balotté par de nouvelles intermittences et ne pouvant ni perdre ni gagner.

« Enfin, hier au soir, — au moment où j'arrivais au tripot, je trouvai la galerie en grand émoi.

« Chose inouie ! *la rouge* venait de passer vingt fois de suite.

« — C'est la fortune qui me revient ! — pensai-je.

« Et je jetai mes dix louis sur la noire.

« *La rouge* sortit pour la vingt-unième fois !

« Il ne me restait pas un sou.

« J'allai me coucher.

« Ce matin, le propriétaire de mon garni monta chez moi et me demanda le paiement d'une semaine d'avance, les huit premiers jours étant écoulés.

« Je le priai d'attendre.

« Il me mit à la porte, en m'engageant à ne pas revenir.

« Je sortis, — j'avais faim, — je ne déjeûnai pas.

« La journée se passa, je ne saurais trop vous dire comment, car je n'avais que d'une façon très imparfaite, la conscience de mes actes.

« L'idée me vint d'aller trouver Jean-Paul, mais cette vie infâme, avec le bagne en perspective et peut-être l'échafaud, me fit horreur et m'épouvanta.

« D'un autre côté, après ces quelques semaines d'une existence joyeuse et dorée, je ne pouvais me résoudre à reprendre mon métier de vendeur de contremarques ; — porter de nouveau la casquette et la blouse me paraissait impossible.

« Je me dis qu'il valait mieux mourir.

« Mon parti fut bientôt pris.

« La nuit était venue.

« Je voulus jeter un dernier regard à toutes les séductions, à toutes les voluptés du monde, à cette coupe de délices dont j'avais un instant approché mes lèvres, et que je quittais pour jamais.

« J'entrai dans le Palais-Royal.

« Vous savez le reste, monsieur le baron.

« Vous m'avez arrêté sur le seuil de la mort.

« Maintenant, je vous le demande encore : — que voulez-vous faire de moi ?

Le baron prit un air sérieux et dit d'une voix tout à la fois affectueuse et grave :

— A cette question, mon jeune ami, je répondrai, comme je le dois d'ailleurs, d'une façon nette et précise.

« Le hasard vous a envoyé à moi, je veux faire de vous le fils que m'a refusé l'amour.

« Je veux ouvrir à deux battants devant vous, les portes d'une vie de plaisirs et de bonheur.

« Je veux vous attacher à moi par tous

les liens de l'affection et de la reconnaissance.

« Je veux être pour vous plus qu'un père n'est pour son fils ; car, au lieu d'un censeur rigide et morose, vous trouverez en moi un ami toujours indulgent, un confident toujours facile.

« Je veux que, dès aujourd'hui, ma bourse soit la votre, comme, après moi, ma fortune sera votre fortune.

« Et, en vous offrant cela, je crois vous offrir peu de chose, car je vous demande en échange votre tendresse, — votre tendresse tout entière.

« Dites, — voulez-vous me la donner?

Le baron était debout, — il avait prononcé ces dernières paroles d'un ton véhément et pathétique.

— Oui, oh! oui! — répondit le jeune homme ému jusqu'aux larmes par une scène si étrange et si inattendue, — à vous tout mon amour!

— Alors, — s'écria M. de Maubert avec un geste digne de Frédérick Lemaître, le premier comédien de notre époque, — Annibal! ô mon fils, viens sur le cœur de ton père!

Annibal se jeta dans les bras entr'ouverts du baron, et les deux hommes se confondirent en une longue et muette étreinte.

Ce fut un spectacle digne, en vérité, des pinceaux d'un peintre de génie.

Le fils de Martial se livrait, sans arrière-pensée aucune, à la joie immense qui débordait en lui.

Sur la figure rude et faussement bienveillante de M. de Maubert se lisait, au contraire, l'expression d'un amer sarcasme et d'une raillerie infernale, tandis qu'il feignait d'essuyer, sous sa paupière gauche, une larme qui ne coulait point.

Jamais, peut-être, le groupe sublime de *Méphistophélès* et de *Faust* ne s'était incarné dans une forme plus vivante, plus palpable et plus satanique.

Le baron mit fin le premier à ces tendresses frelatées et à ces effusions menteuses.

— Tu dois être brisé de fatigue, mon pauvre ami? — dit-il.

— C'est vrai.

— Viens te reposer, — demain matin nous causerons, un peu du passé, beaucoup de l'avenir.

— Oui, Monsieur...

— Appelle-moi ton père !

— Oui, mon père...

— Oh ! que ce doux nom me fait de bien ! — Annibal, nous serons heureux...

— Je le crois, mon père...

— Et moi, j'en suis sûr, mon fils... — Suis-moi, cher enfant.

Le baron prit sur la table un flambeau, ouvrit une porte latérale, et s'avança dans une galerie pleine de tableaux, de curiosités et d'objets d'art.

Au fond de cette galerie, il ouvrit une seconde porte et introduisit Annibal dans une pièce petite et coquette, tendue d'une étoffe de soie pâle, à grandes fleurs.

On eût dit un boudoir de petite maîtresse.

Les meubles et le lit étaient en bois de rose et le parquet imitait, par ses incrustations, une mosaïque italienne du plus beau travail.

— Voici ta chambre provisoire, — dit le baron avec un sourire, — tu vois qu'elle est logeable?

— C'est un palais! — répondit le jeune homme.

— Non pas! et pour toi, mon cher enfant, nous aurons beaucoup mieux; mais je suis pris au dépourvu, et j'ignorais ce matin que le ciel m'enverrait ce soir un fils. — Bonne nuit, mon ami, couche-toi, dors et repose bien, car nous avons énormément de courses et de choses à faire dans la journée de demain.

Les deux hommes échangèrent une dernière accolade, et le baron se retira.

Annibal, resté seul, s'efforça de ne point penser aux évènements incompréhensibles de cette soirée étrange.

Il avait peur de devenir fou.

Il se coucha et, malgré le trouble de ses sens, il ne tarda point à s'endormir.

Mais son sommeil fut peuplé par des rêves aussi bizarres que la réalité.

Il lui sembla d'abord qu'il menait jusqu'au dénouement son sinistre projet de suicide.

Il se voyait debout sur le parapet du pont Neuf, et se précipitant dans l'espace.

Il se sentait tourbillonner comme une feuille jetée au vent, entre le ciel semé d'étoiles et les eaux noires de la Seine.

Mais, au moment où il touchait ces eaux si sombres et si froides, elles devenaient soudain lumineuses et pétillantes.

La rivière se métamorphosait en un

bassin immense rempli de vin de champagne, dans lequel nageaient, en guise de poissons, des faisans tout rôtis.

Des chaînes de fleurs soutenaient Martial qui, marchant gaillardement sur les flots, atteignait à pied sec un charmant tilbury dans lequel il prenait place.

À peine avait-il touché les coussins moelleux de la légère voiture, que le baron se trouvait assis auprès de lui, fouettait l'hippogriphe, moitié dragon et moitié cheval, qui piaffait entre les brancards et qui s'élançait aussitôt avec une vitesse fantastique.

Après quelques instants d'une course plus rapide que celle de *Lénore*, dans la ballade de Burger, le tilbury s'arrêtait.

Les deux hommes se trouvaient à côté d'une échelle dont la base était large et dont le sommet se perdait dans les nuages.

— Il faut monter ! — disait le baron.

— Montons, — répondait Annibal.

Et tous deux commençaient à franchir les échelons.

Ils montaient, — ils montaient, — mais l'échelle semblait s'allonger à dessein sous leurs pieds fatigués.

Déjà, la terre n'apparaissait plus que comme un point obscur, et le but restait invisible.

Le rêve tournait au cauchemar.

Annibal était haletant, sa poitrine se soulevait convulsivement, et ses membres se raidissaient.

Enfin, le supplice eut un terme.

L'échelle magique devint un escalier de marbre.

Une porte d'or, constellée d'éblouissants rayons, s'ouvrit devant les arrivants.

Des bouffées de parfums et d'harmonie vinrent frapper Annibal au visage, et rafraîchirent son front mouillé de sueur.

Le baron le prit par la main et l'introduisit au milieu des délices orientales du paradis de Mahomet.

. . . .

. . . .

XII

LE VICOMTE RAPHAEL.

Il était neuf heures du matin quand Annibal ouvrit les yeux.

Dans le premier moment il lui fut impossible de se rendre un compte exact, et de sa situation actuelle, et de ce qui s'était passé la veille au soir, et de l'endroit dans lequel il se trouvait.

Mais, peu à peu, ses souvenirs revinrent

en foule et un joyeux sourire se dessina sur ses lèvres qui murmurèrent :

— Je n'y comprends rien ; mais, qu'importe !

En même temps il chercha du regard ses vêtements.

Ils avaient disparu du siége sur lequel il les avait placés en se couchant.

A leur place se trouvait une robe de chambre de toile perse, un large pantalon de nanquin, une chemise de toile de Hollande garnie de dentelles, des chaussettes de soie, un bonnet grec et des pantoufles brodées.

Sur la table de nuit il y avait une ravissante montre de Bréguet, garnie de ses breloques et d'une chaîne d'or émaillé d'un travail exquis.

Un portefeuille de maroquin noir et une bourse de soie rouge accompagnaient cette montre.

Annibal visita la bourse.

Elle contenait cinquante louis.

Il ouvrit le portefeuille.

Quatre billets de banque de cinq cents francs chacun s'en échappèrent.

Sur une petite feuille de papier étaient écrits ces mots :

« *Pour les menues dépenses de mon cher fils Louis-Annibal.* »

— Décidément, — pensa le jeune homme, — cela me va de plus en plus et mon père adoptif fait grandement les choses, il faut lui rendre cette justice !

Comme il achevait de formuler dans son esprit cette phrase élogieuse, le baron entra sur la pointe du pied.

Il vit qu'Annibal était éveillé et s'approcha du lit pour lui serrer la main en disant :

— J'ai une nouvelle à t'annoncer, mon cher enfant.

— A moi !

— Une bonne nouvelle...

— Ah !

— Je viens de la rue d'Enfer...

— Vous êtes allé à l'hospice? — s'écria Annibal.

— Oui.

— Eh bien?...

— J'ai obtenu les renseignements les plus circonstanciés, les plus minutieux...

— Et vous avez appris?...

— D'abord l'exacte vérité de tout ce que tu m'avais dit toi-même hier, et de plus...

— De plus?

— Que depuis ton départ de l'hospice personne ne s'était informé de toi, personne ne t'avait réclamé...

— Mais, tout à l'heure, cependant, vous me parliez d'une bonne nouvelle...

— Sans doute.

— Je ne vous comprends pas.

— Ah! ton cœur devrait me deviner... Je me réjouis, moi, de te voir abandonné des tiens, car si tu retrouvais ta famille, Annibal, ta famille, riche, noble, puissante, elle prendrait la première place dans tes affections et je ne serais plus rien pour toi... Comprends-tu, maintenant, mon fils?

— Bon père! — fit Annibal en serrant pour la seconde fois la main du baron, — fussé-je un fils de roi, jamais, jamais, je ne cesserais de vous aimer.

Le baron fit semblant d'essuyer une larme sous sa paupière droite.

Disons en passant qu'il n'avait pas mis les pieds à l'hospice des *Enfants Trouvés*, et que son but, en débitant ce mensonge à Annibal, était tout simplement d'éloigner de l'esprit du jeune homme la pensée d'aller lui-même aux informations, ce à quoi il réussit à merveille.

— Voyons, — reprit M. de Maubert, — lève-toi, mon ami, — tes fournisseurs attendent dans l'antichambre que tu veuilles bien les recevoir.

— Mes fournisseurs !!!

— Sans doute, — ton bottier, ton tailleur, ton chemisier, que sais-je encore... Ce sont de braves gens, pour qui tu seras une excellente pratique, car c'est moi qui paierai les factures.

Annibal sauta à bas de son lit et passa rapidement le pantalon et la robe de chambre dont nous avons parlé.

Ensuite on introduisit Staub, le tailleur; puis le bottier Sakoski, ces illustres législateurs qui promulgaient à leur époque les changeantes lois de la mode.

Ils avaient eu soin de se munir de vêtements tout prêts et de chaussures toutes confectionnées, de telle sorte qu'Annibal eut immédiatement une garde-robe fort confortable en attendant qu'on pût lui livrer ses commandes qui devaient prendre un certain temps, car la liste en était formidable.

Quand Annibal eut revêtu une toilette du matin, charmante de simplicité et d'élégance, il devint impossible de rencontrer un cavalier de plus haute mine et de tournure plus aristocratiquement distinguée.

C'était bien le type du gentilhomme de race, aussi reconnaissable à la finesse de ses formes, même pour le vulgaire grossier, que le cheval de pur sang pour les connaisseurs.

Il était si beau que le baron le conduisit devant une glace et lui dit :

— Regarde-toi, mon fils, et dis-moi si je n'ai pas le droit d'être fier de mon ouvrage, car tu es un peu mon ouvrage.

Annibal, qui s'admirait, ne répondit point.

— Allons déjeûner, — reprit M. de Maubert, — ensuite nous nous mettrons en route pour te trouver un logement.

— Un logement, — répéta le jeune homme, — je ne demeurerai donc pas avec vous?

— Non, sans doute, — à ton âge tu serais ici trop loin du véritable centre de Paris ; et puis un jeune homme mène nécessairement une vie peu compatible avec l'apparente gravité d'un homme dans ma position ; — mais, quoique nous ne devions pas loger ensemble, nous nous verrons tous les jours, et tu m'inviteras souvent chez toi à de petits soupers gaillards et à d'aimables parties carrées, — les apparences seront sauvées, quant à ce qui me concerne ; et que faut-il en ce monde pour être plus que parfait ? sauver les apparences, voilà tout, mon garçon! — Sur ce, à table et hâtons-nous!

En sortant de déjeûner, le baron et Annibal montèrent en voiture et gagnèrent le boulevart de Gand.

Là, ils se mirent en quête d'appartements à louer.

Après quelques recherches infructueuses, ils découvrirent enfin, tout auprès des Bains-Chinois, un délicieux petit entresol, du prix de cent louis par an, avec écurie et remise.

Le baron l'arrêta sur-le-champ.

Deux jours après, cet entresol était meublé de la façon la plus ravissante.

Les armoires étaient pleines de linge, —

la cave abondamment fournie de vins choisis et précieux.

Il y avait, sous la remise, un charmant cabriolet.

Dans l'écurie trois chevaux anglais.

Un valet-de chambre, un jockey et une cuisinière, devaient composer l'état de maison du jeune homme.

Le quatrième jour, M. de Maubert conduisit Annibal dans cet appartement qui réunissait tous les luxes, tous les comforts, toutes les superfluités de la vie, et l'y installa.

— Te voilà chez toi, — lui dit-il en le faisant asseoir sur le *canapé* du salon, — maintenant, mon enfant, permets-moi de te donner quelques conseils.

— Je les suivrai, mon bon père, comme s'ils étaient des ordres.

— Des ordres ! ah ! pour Dieu, ne prononce pas ce vilain mot, je ne dirais plus rien.

— Eh bien ! je vous écoute... comme un père...

— J'aime infiniment mieux que tu m'entendes, tout simplement, comme un ami...

— Soit.

— Je désire que tu dépenses le plus d'argent possible...

— Ça sera facile.

— Je désire que, pour remplir ta bourse

quand elle sera vide, tu t'adresses toujours à moi, jamais à d'autres.

— Je vous le promets.

— Je désire que tu prennes des leçons de danse, d'escrime et d'équitation, sous la direction des meilleurs maîtres et avec une extrême assiduité.

— C'est convenu.

— Que tu ne voyes pas mauvaise compagnie... en hommes, bien entendu ; — les femmes sont toujours nos égales, prises dans un salon ou ramassées dans la rue !...

— Soyez tranquille.

— Bientôt je te présenterai dans le monde ; — tu y seras admirablement reçu, car je vais faire courir, sur ton compte, une certaine histoire mystérieuse qui te procurera d'innombrables succès...

— Une histoire !...

— Oui. — Je répandrai le bruit que tu es le fils naturel d'une tête couronnée qui doit te reconnaître un jour et qui t'a placé sous ma tutelle. — Je ne prononcerai aucun nom, mais j'entourerai mon récit d'une gaze assez transparente pour que tout le monde pense deviner, et assez épaisse cependant pour qu'il soit impossible de recevoir un démenti formel.

— Votre idée est excellente !

— N'est-ce pas ? — A ce propos, je crois qu'il serait bon que tu modifies ton nom, afin de dérouter ceux qui t'ont connu jadis, ainsi tu peux remplacer *Annibal* par *Raphaël*.

— Très bien.

— Il convient encore que tu prennes un titre quelconque.

— Oui, mais lequel ?

— Peu importe, — *Comte* ou *Vicomte*... — *Vicomte* t'irait-il ?

— Parfaitement.

— Alors, adoptons-le ; — *Vicomte* est bien porté. — *Vicomte Raphaël*, cela sonne à merveille. — Tu auras soin de faire graver des cartes de visite.

— Dès demain.

— Avec une couronne dans l'angle gauche.

— C'est convenu.

— Enfin, mon cher enfant, la dernière et la plus importante de mes recommandations est celle-ci : — Amuse-toi beaucoup ! — amuse-toi sans cesse, car on regrette amèrement, quand on devient vieux, tout le temps de sa jeunesse qu'on n'a point consacré au plaisir... — Sur ce, bonjour, et à tantôt, — viens me rejoindre au Palais-Royal, à six heures précises, nous dînerons ensemble aux *Frères-Provençaux,* je ne serai point fâché de faire une petite débauche !

Le baron quitta son protégé, que désormais nous appellerons le vicomte Raphaël, et se dit en remontant en voiture, tandis que de ses yeux jaillissait un double éclair :

— Tout est prêt ! — tout est prévu ! — à l'œuvre, maintenant !

FIN DE LA PREMIÈRE PARTIE

ET DU SECOND VOLUME.

TABLE.

PROLOGUE.

UN DRAME EN FAMILLE.

Chap. XV. Les complices (*suite.*) 5
XVI. Le souper. 25
XVII Épilogue du prologue. 40

PREMIÈRE PARTIE.

UN PROTECTEUR.

I. Les Galeries de Bois. 75
II. Tentation. 105
III. L'inconnu. 121
IV. Monsieur le Baron. 141
V. Ville-d'Avray. 159
VI. Soldat. 185
VII. Le sergent. 199
VIII. Triste métier ! 217
IX. Jean-Paul. 237
X. Rouge et noir. 257
XI. Les tendresses du Baron. 277
XII. Le vicomte Raphaël 297

Sceaux. — Imprimerie de E. Dpééé.

En vente :

LE MARI CONFIDENT,
Par Mme SOPHIE GAY.
2 volumes in-8.
Cet Ouvrage n'a pas paru dans les Journaux.

LES AMOURS D'UN FOU,
Par XAVIER DE MONTÉPIN.
4 volumes in-8.

LORD ALGERNON,
Par le Marquis DE FOUDRAS.
4 volumes in-8.

PIVOINE,
Par XAVIER DE MONTÉPIN.
2 volumes in-8.

UN AMI DIABOLIQUE,
Par A. DE GONDRECOURT.
5 volumes in-8.

LES VIVEURS D'AUTREFOIS,
Par le Marquis de FOUDRAS et X. de MONTÉPIN.
4 volumes in-8.

LE DOCTEUR SERVANS,
Par ALEXANDRE DUMAS Fils.
2 volumes in-8.

LE ROMAN D'UNE FEMME,
Par le Même. — 4 volumes in-8.

Les Chevaliers du Lansquenet,
Par le Marquis de FOUDRAS et X. de MONTÉPIN.
10 volumes in-8.

LES GENTILSHOMMES CHASSEURS,
Par le Marquis DE FOUDRAS.
2 volumes in-8.

LES SEPT PÉCHÉS CAPITAUX,
LA LUXURE et LA PARESSE,
Par EUGÈNE SUE.
4 volumes in-8.

Impr. de E. Dépée, à Sceaux (Seine).

www.ingramcontent.com/pod-product-compliance
Lightning Source LLC
Chambersburg PA
CBHW060650170426
43199CB00012B/1734